拜德雅
Paideia
人文丛书

U1008759

拜德雅·人文丛书

学术委员会

○●○

学术顾问

张一兵　南京大学

学术委员（按姓氏拼音顺序）

陈　越　陕西师范大学
姜宇辉　华东师范大学
蓝　江　南京大学
李科林　中国人民大学
李　洋　北京大学
刘悦笛　中国社会科学院
鲁明军　复旦大学
陆兴华　同济大学
王春辰　中央美术学院
王嘉军　华东师范大学
吴冠军　华东师范大学
吴　琼　中国人民大学
夏可君　中国人民大学
夏　莹　清华大学
杨北辰　北京电影学院
曾　军　上海大学
张　生　同济大学
朱国华　华东师范大学

业

简论行动、过错和姿势

[意]吉奥乔·阿甘本(Giorgio Agamben)| 著

潘　震 | 译

王兆宇　叶仁杰 | 校

上海社会科学院出版社
SHANGHAI ACADEMY OF SOCIAL SCIENCES PRESS

目　录

- 总　序 -

重拾拜德雅之学

1

中国古代，士之教育的主要内容是德与雅。《礼记》云：“乐正崇四术，立四教，顺先王《诗》《书》《礼》《乐》以造士。春秋教以《礼》《乐》，冬夏教以《诗》《书》。”这些便是针对士之潜在人选所开展的文化、政治教育的内容，其目的在于使之在品质、学识、洞见、政论上均能符合士的标准，以成为真正有德的博雅之士。

实际上，不仅是中国，古希腊也存在着类似的德雅兼蓄之学，即 paideia（παιδεία）。paideia 是古希腊城邦用于教化和培育城邦公民的教学内容，亦即古希腊学园中所传授的治理城邦的学问。古希腊的学园多招收贵族子弟，他们所维护的也是城邦贵族统治的秩序。在古希腊学园中，一般教授修辞学、语法学、音乐、诗歌、哲学，当然也会讲授今天被视为自然科学的某些学问，如算术和医学。不过在古希腊，这些学科之间的区分没有那么明显，更不会存在今天的文理之分。相反，这些在学园里被讲授的学问被统一称为 paideia。经过 paideia 之学的培育，这些贵族身份的公民会变得“καλὸς κἀγαθός”（雅而有德），这个古希腊词语形容理想的人的行为，而古希腊历史学家希罗多德（Ἡρόδοτος）常在他的《历史》中用这个词来描绘古典时代的英雄形象。

在古希腊，对 paideia 之学呼声最高的，莫过于智者学派的演说家和教育家伊索克拉底（Ἰσοκράτης），他大力主张对全体城邦公民开展 paideia 的教育。在伊索克拉底看来，paideia 已然不再是某个特权阶层让其后嗣垄断统治权力的教育，相反，真正的 paideia 教育在于给人们以心灵的启迪，开启人们的心智，与此同时，paideia 教育也让雅典人真正具有了人的美德。在伊索克拉底那里，paideia 赋予了雅典公民淳美的品德、高雅的性情，这正是雅典公民获得独一无二的人之美德的唯一途径。在这个意义上，paideia 之学，经过伊索克拉底的改造，成为一种让人成长的学问，让人从 paideia 之中寻找到属于人的德性和智慧。或许，这就是中世纪基督教教育中，及文艺复兴时期，paideia 被等同于人文学的原因。

2

在《词与物:人文科学考古学》最后,福柯提出了一个“人文科学”的问题。福柯认为，人文科学是一门关于人的科学，而这门科学，绝不是像某些生物学家和进化论者所认为的那样，从简单的生物学范畴来思考人的存在。相反，福柯认为，人是“这样一个生物，即他从他所完全属于的并且他的整个存在据以被贯穿的生命内部构成了他赖以生活的种种表象，并且在这些表象的基础上，他拥有了能去恰好表象生命这个奇特力量”[1]。尽管福柯这段话十分绕口,但他的意思是很明确的，人在这个世界上的存在是一个相当复杂的现象，它所涉及的是我们在这个世界上的方方面面，包括哲学、语言、诗歌等。这样，人文科学绝不是从某个孤立的角度(如单独从

1　米歇尔·福柯:《词与物：人文科学考古学》，莫伟民译，上海：上海三联书店，2001 年，第 459-460 页。

哲学的角度，单独从文学的角度，单独从艺术的角度）去审视我们作为人在这个世界上的存在，相反，它有助于我们思考自己在面对这个世界的错综复杂性时的构成性存在。

其实早在福柯之前，德国古典学家魏尔纳·贾格尔（Werner Jaeger）就将 paideia 看成一个超越所有学科之上的人文学总体之学。正如贾格尔所说，"paideia，不仅仅是一个符号名称，更是代表着这个词所展现出来的历史主题。事实上，和其他非常广泛的概念一样，这个主题非常难以界定，它拒绝被限定在一个抽象的表达之下。唯有当我们阅读其历史，并跟随其脚步孜孜不倦地观察它如何实现自身，我们才能理解这个词的完整内容和含义。……我们很难避免用诸如文明、文化、传统、文学或教育之类的词来表达它。但这些词没有一个可以覆盖 paideia 这个词在古希腊时期的意义。上述那些词都只涉及 paideia 的某个侧面：除非把那些表达综合在一起，我们才能看到这个古希腊概念的范阈"[1]。贾格尔强调的正是后来福柯所主张的"人文科学"所涉及的内涵，也就是说，paideia 代表着一种先于现代人文科学分科之前的总体性对人

1 Werner Jaeger. *Paideia: The Ideals of Greek Culture. Vol. 1*. Oxford: Blackwell, 1946, p.i.

文科学的综合性探讨研究，它所涉及的，就是人之所以为人的诸多方面的总和，那些使人具有人之心智、人之德性、人之美感的全部领域的汇集。这也正是福柯所说的人文科学就是人的实证性(positivité)之所是，在这个意义上，福柯与贾格尔对 paideia 的界定是高度统一的，他们共同关心的是，究竟是什么，让我们在这个大地上具有了诸如此类的人的秉性，又是什么塑造了全体人类的秉性。paideia，一门综合性的人文科学，正如伊索克拉底所说的那样，一方面给予我们智慧的启迪；另一方面又赋予我们人之所以为人的生命形式。对这门科学的探索，必然同时涉及两个不同侧面：一方面是对经典的探索，寻求那些已经被确认为人的秉性的美德，在这个基础上，去探索人之所以为人的种种学问；另一方面，也更为重要的是，我们需要依循着福柯的足迹，在探索了我们在这个世界上的生命形式之后，最终还要对这种作为实质性的生命形式进行反思、批判和超越，即让我们的生命在其形式的极限处颤动。

这样，paideia 同时包括的两个侧面，也意味着人们对自己的生命和存在进行探索的两个方向：一方面它有着古典学的厚重，代表着人文科学悠久历史发展中形成的良好传统，孜孜不倦地寻找人生的真谛；另一方面，也代表着人文科学努力在生命的边缘处，寻找向着生命形式的外部空间拓展，以延伸我们内在生命的可能。

3

这就是我们出版这套丛书的初衷。不过，我们并没有将 paideia 一词直接翻译为常用译法“人文学”，因为这个“人文学”在中文语境中使用起来，会偏离这个词原本的特有含义，所以，我们将 paideia 音译为“拜德雅”。此译首先是在发音上十分近似于其古希腊词语，更重要的是，这门学问诞生之初，便是德雅兼蓄之学。和我们中国古代德雅之学强调“六艺”一样，古希腊的拜德雅之学也有相对固定的分目，或称为“八艺”，即体操、语法、修辞、音乐、数学、地理、自然史与哲学。这八门学科，体现出拜德雅之学从来就不是孤立地在某一个门类下的专门之学，而是统摄了古代的科学、哲学、艺术、语言学甚至体育等门类的综合性之学，其中既强调了亚里士多德所谓勇敢、节制、正义、智慧这四种美德

（ἀρετή），也追求诸如音乐之类的雅学。同时，在古希腊人看来，“雅而有德”是一个崇高的理想。我们的教育，我们的人文学，最终是要面向一个高雅而有德的品质，因而我们在音译中选用了“拜”这个字。这样，“拜德雅”既从音译上翻译了这个古希腊词语，也很好地从意译上表达了它的含义，避免了单纯叫作“人文学”所可能引生的不必要的歧义。本丛书的logo，由黑白八点构成，以玄为德，以白为雅，黑白双色正好体现德雅兼蓄之意。同时，这八个点既对应于拜德雅之学的“八艺”，也对应于柏拉图在《蒂迈欧篇》中谈到的正六面体（五种柏拉图体之一）的八个顶点。它既是智慧美德的象征，也体现了审美的典雅。

不过，对于今天的我们来说，更重要的是，跟随福柯的脚步，向着一种新型的人文科学，即一种新的拜德雅前进。在我们的系列中，既包括那些作为人类思想精华的**经典作品**，也包括那些试图冲破人文学既有之藩篱，去探寻我们生命形式的可能性的**前沿著作**。

既然是新人文科学，既然是新拜德雅之学，那么现代人文科学分科的体系在我们的系列中或许就显得不那么重要了。这个拜德雅系列，已经将历史学、艺术学、文学或诗学、哲学、政治学、法学，乃至社会学、经济学等多门学科涵括在内，其中的作品，或许就是各个学科共同的精神财富。对这样一些作品的译介，正是要达到这样一个目的：在一个大的人文学的背景下，在一个大的拜德雅之下，来自不同学科的我们，可以在同样的文字中，去呼吸这些伟大著作为我们带来的新鲜空气。

中译说明

文献引用

中译本遵循原著的学术规范，采取行间引用辅以参考文献的形式，另外根据经典文献引用习惯和中文读者查询的方便进行了改进，分为以下两类：

（1）现代学术研究引用，格式为“作者，初版年份 / 引用版本年份，参考版本页码”，如“Quell，1933/1963，第 751 页”。如果参考版本就是初版，则仅显示一个年份。只有单部作品得到引用的作者，多次引用该作时后续省略年份；若某作品的引文连续出现，则后续省略作者和年份。

（2）经典文献引用，以不依赖实际印刷版本为原则，尽可能使用学术界通行的参考系统，如柏拉图的斯蒂芬奴斯页码和康德的皇家科学院版全集页码（《纯粹理性批判》A/B 版除外）。未能找到或者不需要这类参考系统的情况下，将尽可能依次列出引文的章节、段落、行数等层级的编号，以下点号隔开，如“《优士丁尼法典》（1.14.5.1）”指的是该文献的“第1卷第14章第5条第1款”，“《神学大全》（1.q5.a4）”指的是该文献的“第1部分第5问第4节”。具体层级的名称不再标明，另外需要注意有些文献未区分多层级。

原著在引用非意大利语文献时，考虑到意大利语读者的需要，均优先采用意大利语译本，并使用意大利语版页码。所以，中译本考虑到中文读者的需要，在有现成的中译本且译文贴切的情况下，亦按照上述规则引用中译本（必要时会对译文进行修改）。如果没有合适的中译本，则引用原文版本。

对于大部分引文，除德语文献之外，均核查过原文（详见下文“致谢”部分）。部分确实难以获取原文的引文，根据作者提供的译文转译。

在根据上述标准进行翻译、核对的过程中，译者也发现了原著的若干问题，主要分为三类：引文出处不全；引文出处有误；引文的意大利语翻译或转述有误。对于第一种情况，译者自行补足（仍有部分引文未找到原始出处），不再说明；后两种情况，则保留原著的错误，通过脚注进行说明，供读者参考。

上述所有文献引用层面上的变动，包括下文“术语翻译”部分涉及的说明，均对全书最后的参考文献部分有所影响。最后的参考文献主要有两类调整：剔除了中译本未使用的非意大利语文献的意大利语译本；增补了相应的中译本和使用的其他翻译参考文献。为了不和作者使用的参考文献混淆，所有变更都有必要的标注（详见“参考文献”）。

《圣经》中译本使用的是2010年的和合本修订版（RCUVSS），并根据同等标准核对，不另行注明。

注　释

原著所有的补充说明均采取行间括号夹注的形式，中译本视情况调为脚注，并标明“原注”。除此之外的脚注均为译注。

术语翻译

本书术语翻译的问题有两类：第一，因为语境特殊而不能采用常规译法；第二，不属于传统“西方哲学”框架下的概念，需要特别谨慎地对待。

第二类问题主要涉及罗马法和佛教思想研究——尤其是佛教思想拥有一套完整的术语翻译体系，这造成了一些麻烦。译者在翻译这两个领域的术语和引文的过程中，着重参考了现有的中文专业词典、译本和著述，综合了如下几种，正文中除非有专门的讨论或解释，不再一一注明：罗马法领域，黄风（2014，2002），徐国栋（2019），周枏（1988）；佛教领域，林光明等（2011），平川彰（1979/2013），庄春江（2012，2013），光全等（2017）。

自然，第一类问题包含了第二类问题。罗马法领域只涉及西学文献，受到的影响较小，佛教术语则是完全不同的面貌。原则上来说，中译本同时呈现重要佛教术语的梵语（拉丁字母转写）、意大利语译文的中译和标准中译表达，如“pratītyasamutpāda、条件性共同产生（coproduzione condizionata）、缘起”（第二章第3节）。

当然，第一类问题主要还是“西方哲学”框架内的，接下来会逐个说明。需要注意：在大多数情况下，不采取常规译法并不是因为那样的译法有“错误”，而是因为不适合本书的语境。尤其考虑到本书中各个术语之间的关系十分微妙，翻译的选择往往不在于单个词语，而在于一整套用语。译文采纳的方案不可能是完美的，望读者理解。

（1）potanza（δύναμις）：译作“能力”，而非“潜能”。potenza 一词是情态动词“能够”（potere）的派生名词，分别对应亚里士多德《形而上学》使用的 δύναμις 和 δύνασθαι，表示某人或某物“能”如何：热量能使物体变热，医生能使患者变得健康。在本书所讨论的亚里士多德伦理学（如第三章第 1-3 节）、更笼统的行动理论（如第二章第 6-7 节，第三章第 6 节）和日常用法中，“潜能”的译法显得过于抽象、“陌生化”，并不特别合适。

另外，当 potenza 首字母大写（和用于同类语境）时，译为“力量”（第一章第 5 节）。

（2）atto（ἐνέργεια/ἐντελέχεια）：译作“实行”，而非“现实”或“实现”。首先，意大利语学术界已经倾向于放弃 attualità 之类的译法（Berti，2017，第 xi 页），作者无疑对此十分清楚。事实上，只有在援引阿伦特时，他才依引文接受了 actuality（第四章第 1 节）。而表示“行为”、“动作”等含义的 atto 一词无法和上述两个中文词语产生词义上的联系。

其次，在本书中，正如“能力”主要用于描述行动者，“实行”说的也就是某人“实际去做”某件他有能力做的事情。然而，“现实”或“实现”两词较难传达这层含义，尤其是考虑到作者会不加区分地将 atto 一词用于譬如说法律语境：实行某一行为会带来什么后果。另一方面，“实行”能反过来胜任形而上学词汇的任务，因此我们可以既保证文意的通顺，又不至于采取不同的译法破坏文本的呈现面貌。

以上是一般情况，没有必要对 ἐνέργεια 和 ἐντελέχεια 这两个词进行区分——二者在亚里士多德的文本中用法大体相同，这已没有太大争议（如陈康，1947/2011，第 416-419 页；Berti，第 367 页注释 2，第 375 页注释 16）。在更细节的讨论中，作者会在构词上分解 ἐνέργεια 和 ἐντελέχεια，分别处理成 essere-in-atto（ἐν-ἔργον）和 possedersi-nella-fine（ἐν-τέλος-ἔχω），我们译作“（是）

没有手段的合目的性(finalità)，这和讨论必须对于某一个外在目的来说才有意义的“手段性”(medialità)一样会造成疏离。

于是，尽管难免有失周全，我还是试着提出了一个初步定义：姿势既不是手段，也不是目的，而是对纯粹手段性(pura medialità)的展示，是让人们看见手段本身，而从一切合目的性中解放出来。从这个角度来讲，拟剧(mimo)的例子就很能说明问题。拟剧模拟的是什么？不是真的伸出手臂拿杯子喝水的姿势，或者为了别的目标而移动肢体，否则就只是简单地在重复某个特定动作而已。拟剧演员“作势”、模仿某个动作，却同时悬置了该动作和目的之间的关系。换句话说，
拟剧在纯粹手段性和可传达性(comunicabilità)的方面展示姿 3
势，而无关与任何目的之间的实质关系。应该说，这种“无目的的手段性”是所谓“无目的的合目的性”(Zweckmässigkeit ohne Zweck)的另一面——后者也就是康德在《判断力批判》(236)中对于美的定义。然而，无目的的合目的性是一种阻碍，某种层面上也可以说是消极的，因为它维持了目的的空洞形式而没有任何确定的内容；相反，我们所谓的姿势中的“手段性”是积极的，因为一旦切断和目的的关系，手段就可以在其中呈现本来的面貌。

我们目前讨论的概念和本雅明在《暴力批判》（*Zur Kritik der Gewalt*）中说的“纯粹手段”（reine Mittel）有相近之处，包括先此文本三年写就的《论语言本身和人的语言》（*Über Sprache überhaupt und über die Sprache des Menschen*）中所谓的“纯粹语言”（reine Sprache）也是如此。这些概念都发源于姿势的领域，而只要把它们带回这一起点，一切谜团也就烟消云散了。正如纯粹暴力作为一种手段能废止（deporre）并切断合法手段和正义目的之间的法律关系；正如纯粹语言作为一种言语并不传达任何东西，而只传达自身，也就是纯粹的可传达性；如此，人类并不通过姿势传达任何目标或者有待解读的意义，而只传达其语言本质本身，纯粹地表明这种不再受制于任何目的的行为是可传达的。在姿势中，我们并不认识任何事物，而只认识到有什么是可认识的，一种可认识性（conoscibilità）。

4

那么，要理解姿势的本性，关键就在于中止和悬置的时刻，也就是它和时间的关系。我们把这里的时间理解为时序上呈线形的系列。我一直以来都惊讶于一件事情，就是 15 世纪的伟大编舞家皮亚琴察的多米尼科(Domenico da Piacenza)在其《论跳舞与舞蹈技艺》(*De arte saltandi et choreas ducendi*)一书中，将“停滞”(arresto)时刻置于舞蹈的核心位置，并称之为“显像”(fantasmata)。书中的定义是这样的：

> 这是一种身体上的蓄势待发（presteza），它［……］带来静止，就好像看到了美杜莎的头颅，也就是说，一旦开始运动，就要瞬间像石头一样停止［……］把控着音节（mexura）、记忆（memoria）［……］。

多米尼科所说的显像，指的是两个动作之间突然的停滞，如此可在静止不动的、“石化的”张力中凝聚整个编舞系列的音节与记忆等要素。“作势”并不仅仅是说舞者做出了什么身体动作，这在这里体现得再清楚不过了。它还是——更是——两个动作之间的停歇，是固定、记忆并展示动作的“悬置”(epoché)。关于伟大的弗拉门戈舞者帕斯托拉·因佩里奥(Pastora Imperio)起舞前悬置着的、发令般的[1]姿势，我

1 原文用词为 imperioso，这里作者根据舞蹈家的姓 Imperio 玩了一个文字游戏。

记得有幸亲眼见识过她跳舞的何塞·贝尔加明和拉蒙·加亚[1]一度评论说，那姿势不是舞蹈，而是使舞蹈得以发生的敞开(apertura)之所。在这里，停滞先于舞者的动作，几乎宛如预言，正如在多米尼科笔下它中止并铭记这动作一般。

无论如何，关键在于这“不动”和停滞是充满了张力的。也是因此，莱辛评论拉奥孔雕像时说，其不动的姿势将先前的和之后要发出的动作都凝聚在其中。

4 姿势的这种充满动态的张力，以及特殊的、非线性的弥赛亚时间性，也可以通过其不断重复表达出来。古人在表现冥界的景象时，可能就察觉到了类似的内涵。死者的亡灵永无止境地重复着作出单一的姿势——他们的姿势，也就是能让他们被认出的姿势。同样，这里的关键还是在于姿势不具有实际的合目的性，如同永远在破洞的桶中灌水的达那伊得斯(Danaides)。也像是耶稣降生场景(presepe)中辅助这弥赛亚事件的牧羊人，所做的无非是不停重复作他们卑微的日常姿势。也有可能，在所谓的“永恒回归”中，尼采设想的正是在一个姿势里把握无尽的时间。

1 何塞·贝尔加明(José Bergamín, 1895—1983)，西班牙作家、诗人。拉蒙·加亚(Ramón Gaya，1910—2005)，西班牙作家、画家。

5

我们现在把姿势视作纯粹手段，也就是对无目的的手段性的展示：对如何不传达事物，而只传达可传达性的展示。这意味着——或者说要求——我们需要定义它的本体论基础。如果姿势的特征是停滞和悬置，在其中只能认识一种可认识性，那么，这是说姿势只具有否定的现实吗？是说它不属于存在者的秩序，而属于不存在者吗？换句话说，“可认识性”的存在模式是什么？事物以什么模式“是可认识的”？

我的意思是，我们需要尝试澄清事物与其可认识性之间的关系。在形而上学史上，这种关系时常被误解为存在（essere）和存在者（ente）之间的本体论差异（differenza ontologica）。事实上，这种关系根本上是一种现象学关系，而我们首先也应该将它引导回来，也就是回到事物与其显现（apparire）、存在者与其“把自身交予认识”（darsi a conoscere）之间的极为独特的联结上——甚至是它们之间的和谐一致上。显然，某个事物的可认识性既不是在它旁侧的另一个事物，也不有别于该事物，却也并不仅仅是该事物的同一性（identità），或者说不仅是该事物之“是与自己等同的”。那么，像作势一样展示某个事物的可认识性，这其实就意味着——用荷尔德林的话来说——“在它的显现中”(in dem Mittel seiner Erscheinung)展现它。存在者无法与存在分离，形而上学却一直在尝试这么去做。事实上，“存在”不过是在“可认识性”中的存在者，因此也就仅仅是一个姿势。

实存(esistenza)[1]与本质、所是(quidditas)与“是”(quodditas)、能力与实行、存在与存在者——这些不同的本体论范畴不可避免地在此相互交叠、接合，或者说，汇聚至一处。12 至 13 世纪的哲学家追问运动的基本状态，从我们的视角来看，他们的不少想法都能带来启发。

阿威罗伊在注疏亚里士多德的《物理学》时曾设问：究竟为什么会有哲学家将运动定义成不存在者？他解释到，这是因为运动既不属于能力，也不属于实行。运动之所是，处于这两个亚里士多德本体论基础范畴的中间位置，是他所谓的“能力作为能力的完成”。也就是说，能力不会在实行中
5 消失，而是在其中保留、显现。类似地，罗伯特·格罗斯泰

1 esistenza 一词在本书中几乎不用于哲学语境，这里译作“实存”以与“存在”(essere)区分。

斯特[1]也区分了能力在实行中实现的两种模式。一种，是说有能力的人或事物在实行中完成、耗尽(格罗斯泰斯特称之为 perfectio);另一种，则是说实行在未完成中保留了能力(salvat ipsam in imperfectione)[2]。他以“能变成白色的”(albisibilis)某事物为例:在前一种情况中，它在白色(albedo)中完成、消散;在后一种情况中，实行则得以维持、保留“可变白性”本身。顺带一提，能力和实行这两个本体论范畴在第二种情况下相叠合，这是具有伦理学意义的。试想某个生命的“可生存性”(vivibilità)绝不会在某种“生活过了的经历”(vissuto)中耗尽，而是永远保留着生活的能力。

论及这种在实行中保留的能力，大阿尔伯特[3]找出的最恰当的例子就是舞蹈和拟剧中的姿势，这值得我们关注。他在注疏《物理学》时写道:

> 拟剧演员流动的动作组合（volutatio quam volvuntur mimi），是这种动作组合之流动的完成（perfectio）；

1　罗伯特·格罗斯泰斯特(Robertus Grosseteste，约1175—1253)，神学家、主教。

2　作者特别强调了 salvat 一词，在拉丁语中表示“保全”、“保护”。

3　大阿尔伯特(Albertus Magnus，约1200—1280)，神学家，阿奎那的老师。

> 而舞者在舞台上一齐舞动的舞蹈，完成的则是舞者之擅舞，是他们作为能力而言的跃舞的能力（perfectio saltabilium sive potentium tripudiare et choreizare secundum quod in potentia sunt）。（Maier，1958，第 13 页）

在可能性和现实事实之间，舞者之“跃舞”揭示了第三种存在：能力与实行的中间项。手段和目的在此相互补足、交错展现。这种脆弱的平衡并非否定，而是一种无法替代的展示；并非沉滞，而是能力在实行中、实行在能力中的相互回荡。

福西永[1]曾把艺术图像的特殊品质比作刚好保持平衡的秤——秤杆看起来几乎就要晃动了：“这静止不动的状态却是迟疑的；在轻微地颤抖，但无法感知——就是这样一个奇迹，显示出它是活着的。”同样是捕捉到了类似的“未完成之完成”，马拉美得以在观察洛伊·福勒[2]的舞蹈时写她就好像“她的自我的永不枯竭的源泉”（la fontaine intarissable de soi-

1 亨利·福西永（Henri Focillon，1881—1943），法国艺术史学家，曾任法兰西公学院（Collège de France）教授。

2 洛伊·福勒（Loïe Fuller，1862—1928），美国舞蹈家，现代舞的先驱者。

même)。而雅克·里维埃[1]则为1913年的一期《新法兰西评论》(*La Nouvelle Revue française*)撰文，如此评价尼金斯基[2]的《春之祭》(*Le Sacre du Printemps*)：

> 他漫步在一条小径上，这小径却一步一步毁掉已走过的路；他由一条神秘的线引导着，而身后的线又很快都消失不见了［……］那身体每次像是要爆发出冲力，就都又突然中断、重启；而每次他在自己的内里找到可能的发力点，就又都收敛了起来。他每时每刻都在重新起身，仿佛要不停歇地竭尽那源泉中涌出的涓流似的。他逆流而上，向身后走去，而他的舞蹈则要枚举、分解他在自身中发现的一切运动倾向。

像这样描述姿势的本体论，是再贴切不过的了。当然，这是模态的本体论(ontologia modale)，而非实质的(sostanziale)。用斯宾诺莎的术语来说，模态即存在的种种姿势。重要的还有，这里定义舞者的姿势所用的描述，是“中断”

1　雅克·里维埃(Jacques Rivière，1886—1925)，法国文学批评家，曾任《新法兰西评论》主编。

2　瓦斯拉夫·福米奇·尼金斯基(Vaclav Fomič Nižinskij，1889—1950)，波兰裔俄罗斯芭蕾舞蹈家、编舞家。

和不停地反复拾起从他的身体上涌出的动力，就好像模态能精准地表达出永不枯竭地涌现中的存在。

6 *6*

要为上述种种关于姿势的反思作结，就不得不提及它可能的政治学内涵，哪怕这里只能谈个梗概。众所周知，从亚里士多德到汉娜·阿伦特，政治都是由实践(prassi)来定义的，政治的领域也就是行动(azione)的领域。[1] 我最近完成了一项研究，现在已经出版，也就是《业：简论行动、过错和姿势》。我试图在书中说明，行动、原因和过错的概念之间存在构成性的关系。[2] 我提出的假设是，这三个概念共同构成了将人的行为嵌入法律的领域并让其变得“有过错”的装置(dispositivo)。这也就意味着，这些行为可以通过各种形式归

1　作者在书中使用了 azione 和 prassi 两个词，其中，azione（拉丁语中的 actio）是对古希腊语 πρᾶξις 的翻译，而 prassi 则直接由该词派生而来。译文分别取“行动”和“实践”，但二者的内涵大致相同。

2　事实上，actio 最早就是个法律概念，指的是审判的领域。——原注

责给某个主体。人的行为是 crimen。这个拉丁语单词可能和梵语中的 karman——也就是我们所说的“业”——有亲缘关系，其原始含义指的是主体的行动与其后果之间无法摆脱的联结。我们早已习惯于这样的法律与道德观念，即人必须回应自己的行动。这似乎理所当然、无可置疑。然而，切不可忘记，20 世纪至为伟大的神学家弗朗茨·卡夫卡的全部写作，无非是固执、近乎偏执地追问这唯一的问题：“人为什么会有过错？”究竟是为什么，人类的心灵会这样设想，认为他的种种“行动”应该归责于他并让他有过错（colpevole）？

我在研究中试图说明，在现代世界，“行动”概念的发展和“意愿”的概念是分不开的。甚至应该说，二者一同明确了一种范式（paradigma），目标是建立现代主体的自由（libertà）及其责任。粗略地说，意愿概念在古典世界中几乎并不存在，只有经过了几个世纪的历程，灵知派（gnosticismo）、赫尔墨斯主义和新柏拉图主义思想家才和基督教神学汇集，为其确立了基石。在本文中，我无法重构整个发展历史，只想提及一处看似可以忽略的节点：阿奎那在《反异教大全》（*Summa contra Gentiles*）中讨论人类行动和善恶问题时，宣布了一条定理，即“每个行动者都为目的行动”（omnis agens agit propter finem）。

恰恰是在此处，“天使博士”（doctor angelicus）阿奎那突然遇到了意料之外的障碍。他写道：

> 但有一些行动并没有被当作是为了某个目的，比如游戏与思索的行动（sicut actiones ludicrae et contemplatoriae），和一些下意识（absque attentione）行动，比如挠胡子（confricatio barbae），等等。在这些情况下，可以认为行动者行事是没有目的的。（3.2.9）

说游戏和思索是以自身为目的的行动，这虽然有些牵强，但尚且可以接受。抽动和无意识行动的处境则更加尴尬。尽管如此，阿奎那还是不惜一切代价想要将这些行动算
7 入合目的性的范畴，认为其动机是“突然的想象”或者是“由体液失衡所产生的瘙痒”。

这位神学家所不能接受的结果是，有一些我们每天都实行的行为竟无法被置入意愿和目的的装置。不论是舞者的动作组合，还是我们在无意的姿态下完成的动作，其中的姿势不仅不是用于某一目的的手段，而且也无法被视作目的自身。事实上，舞蹈正因为其不具备合目的性，才是人类身体能力

的完美展示。同样，我们还可以说，身体只要不受制于有意与目的——不论是有机体层面的目的，还是社会层面的目的——产生的关系，就能首次在姿势中发掘并展现其所具备的一切可能性。

各位或许已经明白我提出的设想是什么：伦理和政治并非行动的领域，而是姿势的领域。今天的伦理和政治显然已经陷入困境，所以我认为是时候思考，如果不以手段和目的的二元范畴把握人类活动，那究竟会是什么样的——这也就是询问人类姿势的整全面貌。

在整个基督教西方的传统中，唯一能展现这一范式的，或许只有亚当与夏娃在堕落之前所处的天堂之境，那"极乐的花园"。彼时"人类的始祖仍是清白的"(fu innocente l'umana radice)，就像但丁在《炼狱》(28.142)中写的那样。

于是，我们不禁要问：如果但丁把天堂的处境定义为"甜蜜的游戏"(dolce gioco)，而在刻画其中风景时利用的是一位年轻女性舞蹈的形象，这还会是巧合吗？

> Come si volge, con le piante strette
> a terra e intra sé, donna che balli,
> e piede innanzi piede a pena mette [...]

正像她旋转身躯，脚掌贴地、
互相靠拢，那跳舞的女子
后脚紧随着抬起的前脚［……］（28.52-54）

我们跟着“花园”形象的指引展开了关于姿势的研究。现在，我想回到原点来。我觉得有理由设想，如果 παράδεισος——即伊甸园——代表了人类栖居于大地上最完美的幸福居所，因此在但丁的笔下是“被选作人类窠巢的地方”（luogo eletto a l’umana natura per suo nido）（28.77-78），那么我们可以，也应该将这花园视作真正意义上的姿势与政治的范式。

业

简论行动、过错和姿势

Karman

Breve trattato sull'azione, la colpa e il gesto

人为什么会有罪？

——弗朗茨·卡夫卡

第一章

案件与过错

1

案件(causa)和过错(colpa)这两个迈入法律领域的“门槛”概念，都缺少词源解释。在阿尔弗雷德・埃尔努和安托万・梅耶[1]编撰的拉丁语词源词典里，culpa 的词条最后简短地说明：

> Sans étymologie, comme [...] *causa.*
>
> 和［……］causa 一词一样，没有词源。

1　阿尔弗雷德・埃尔努(Alfred Ernout，1879—1973)，法国拉丁语语文学家，法兰西文学院(Académie des inscriptions et belles-lettres)院士，曾任法兰西公学院拉丁语语言史教授。安托万・梅耶(Antoine Meillet，1866—1936)，20 世纪初最重要的法国语言学家，法兰西文学院院士，曾任法兰西公学院印欧语历史与结构教授，影响了包括埃米尔・本维尼斯特在内的一整代法国学者。

至于causa的词条的结尾，则是一个问句：

> Peut-être mot emprunté, comme *lis*, au prélatin?
>
> 可能和 lis（“争执”）一词一样，是从拉丁语之前的语言借用而来的？[1]

任何对语言学有所了解的人都知道，这表明该词没有任何确切的词源。

当然，这不意味着两位作者放弃确定这两个词的含义。比如对于 causa，他们就区分了两种可能的意思：其一是“原因”，例句来自西塞罗的《演说术的分类》（*Partitione oratoria*）[2]：

> Causam appello rationem efficiendi, eventum id quod est effectum.
>
> 我称施行某事的理由为“原因”（causa），而行事所带来的就是“后果”。（110）

1 根据词典原文，au 应作 ou，原意为：“可能和 lis 一词一样是借用来的，或者是拉丁语之前的语言里的词？”

2 西塞罗著作中译名从顾枝鹰（2018），另参考著者的后续修订。

其二是“审判中一方所述的案件（causa）、审判”。作者又补充说：“词源缺失，无法确定该词最初的含义。”尽管很多复合词——诸如 causidicus（“说出案件的人”， 10
即律师）、accuso（指控）、incuso（“将某人置于案件中”，即起诉）、excuso（“将某人从案件中排除出去”，即进行无罪辩护）——似乎都暗示第二个义项更为古老，作者却认为第一个表示因果关系的义项先于它的法律意义，原因是“causa 一词表示‘原因’、‘由于’的用法古老而频繁，如果从‘审判’的概念出发来解释的话并不合适”。

在词典中我们经常会读到缺乏说服力的论述，尤其是在区分一词多义的问题上，即便是像这部词典一样享有声誉、看似无可争议的著作也不例外。事实上，尽管没有确切的词源，我们还是可以说：在一个词语通常被接受的不同含义之间，往往只存在表面上的区别，不难通过分析将它们统一起来。稍微思考一下上述法律领域的义项，就会发现它不仅前后不一致（“审判中一方所述的案件”和“审判”并不相同），而且前一部分根本不是定义，因为包含了需要定义的 causa 一词。相应的例句清楚地告诉我们：causa 不是审判，而是审判的争议内容，即“争讼的缘由，

而事物因之被纳入审判”（causatiuum litis, propter quod
11 res in iudicium devocatur）[1]。词典作者还引述了古希腊语中的 αἰτία 一词，比较二者也确实能带来启发：αἰτία 的意思是“责任”、“归责”；αἰτία εἶναί τινος 等于说“就某事被指控”；αἴτιος 则是“有过错的”、“审判中被指控的”[2]。正如同在古希腊语中，αἰτία 的法律义项逐渐演变出了更一般的含义，拉丁语的 causa 一词会由“带来争讼的指控，以及争讼的内容”转变为“原因”、“动机”也是完全可以解释的。事实上，这并非两个不同的含义，而是同一个：争讼的源起，也是争执中需要法律介入的问题——所有这些，更笼统地来说，都是“起因”。

此外，虽然我们的例子里词源是缺失的，但是词语演变的历史也能提供很多信息。拉丁语的 causa 后来演变为了罗曼语族中的 cosa[3] 一词。这个难以定义的词指的恰恰是“有待处理的”、“需要人们讨论的”：争吵可能就事

---

1 语出活跃于公元 4 至 5 世纪的修辞学家福尔图纳提阿努斯（Fortunatianus）《修辞学》（*Ars rhetorica*）（67.8）。

2 类似于拉丁语中的 reus。——原注

3 cosa 是意大利语中含义最宽泛的名词，可以对应中文里的“东西”、“事物”、“事情”等，用于问句时也可以单独表示“什么”。

论事，也可能是言语的互相攻击，但不管怎么说，总是讨论、交流，乃至笑话的内容。逐渐地，它的含义变得更加笼统：任何“事情”（affare），比如 mulierum causa，“女人的事”，即月事。直到最后，因为这个词适用于所有事物，所以被用在数学语言中来指代最典型、纯粹的“东西”：未知数 x。

从亚里士多德定义质料因、形式因、动力因和目的因 12
这四种因开始，causa 一词逐渐成为西方哲学与科学中十分基础的术语。但不可忘记其法律源头：它指的是涉及法律的事物（cosa），也是审判的源起，由此把人们引入法的领域。最初的原因（causa）就是指控（accusa）。

2

20 世纪最敏锐的罗马法学者之一杨·托马斯[1]的博士

1　杨·托马斯（Yan Thomas，1943—2008），法国法学家、法学史学者，曾任鲁昂—诺曼底大学（Université de Rouen-Normandie）法学史教授、社会科学高等研究院（École des Hautes Études en Sciences Sociales）研究主任。

论文讨论的就是 causa 的概念。面对这个词在法律语言中的多种含义，托马斯立即着手展开细致的语义史分析，撰写了一部真正意义上的“词的传记”（1976，第 258 页）。他的分析不局限于法学，还扩展到了哲学和修辞学领域。这项分析工作堪称典范。他首先得到的结果，并不是将这个概念的原始结构归结到某个所谓的“统一体”上，而是揭示出其不可还原的两极性：causa 同时指审判与审判的基础、争议与争议的源头。托马斯写道：

> 不论追溯多久远的历史文本，我们都能看到，causa 一词在大部分情况下都包含了两个语义内核。从《十二表法》（XII Tavole）开始，审判及其基础、争端及其名目就构成了这个多义词不可还原的两极性。（第 255-256 页）

13 根据最古老的文本证据[1]，我们可以通过 causa 与 res[2]

1 主要参见《十二表法》中案件概述（causae coniectio）的部分，还有李维的《罗马建城以来史》（*Ab Urbe condita*）（1.32）和费斯图斯《论词的含义》（*De verborum significatu*）（103）这两个段落。——原注（译按：费斯图斯［Festus］，活跃于公元 2 世纪晚期的罗马语法学家。）

2 res 一词在拉丁语中更宽泛的含义有“东西”、“事物”等。

和lis这两个词语之间紧密又有所区分的关系来确定它的含义：

> res和causa之间的区别在于：前者指的是尚未进入法律语境的、笼统意义上的争端情境，后者则是在审判的语境中明确的争端。而causa和lis之间的区别则是：前者指的是争执的实际内容，后者是形式意义上的、由不同利益方参与的“争执”本身。（第269页）

由此，我们再次看到，causa的概念处在res（争端的内容）和lis（争执）两极之间不可调和的张力中。如此一来，借用一个西塞罗、费斯图斯和盖尤斯（Gaius）都使用过的表达，可以说causa就是争论的事务（res de qua agitur），即牵涉到审判、以法律形式明确的事务。

正是因为这个词的根本意思同时包括冲突和冲突的内容，我们才可以理解其本来难以解释的多义性，以及它是如何转变成哲学和修辞学所谓“解释、给出理由的原因”的：

> 任何争端必然都以某种动机或者理由为基础［……］ 14

> causa 就是 propter quam iudicium constitutum est[1]，即引起审判的事物。之所以它的多种含义之间看起来如此混淆、难以分辨，原因就在于这些不同义项都是同一概念的衍生［……］该词表示理由或解释实效的维度，根源其实还是在法律和修辞学用法里。应该说，各方争执的事项实际上也就是开始争执的理由。哲学思想利用了这层含义，将其转变为哲学研究的工具。这样的语义迁移过程应该发生在古希腊。早在理论思考之前，古希腊人可能就把动机和“辩护理由”的价值从“归责”、“指控”和“审判”的法律意义那里剥离出来了。（第 225-226 页）

杨·托马斯的研究指出了 causa 一词本质上的两极性，这或许可以为之前仅停留在假设阶段的论题提供稳固、合理的支撑。我们认为 causa 一词在真正意义上构成了法律领域的“门槛”：当某个本身与法律无涉的情境——或者说“东西”（cosa）——被纳入法律领域时，它就转变为了案件，即争论的事务（res de qua agitur）。此外，关键在于，这里需要采纳动词 agere 的原始含义。托马斯也引

1　语出昆提利阿努斯《雄辩术原理》（3.11.5）。

述了费斯图斯的《论词的含义》（21）和盖尤斯的《法学阶梯》（*Institutiones*）（4.21），说明 agere 的意思是“用言语说明”（verbis indicare），“agere 的人，会说[……]”。盖尤斯还写道：争论的事务（res, de qua agitur），即法律语境中探讨的事项，最主要是指用言语在法律审判（actio）[1] 中表示的事务（4.40）。[2]

概括地讲，正如哲学讨论所涉及的[3] 我们称之为“存在”，法律审判所涉及的情境也就是案件。在各自的语境中，如果返还给词语其本体论位置，问题就在于语言所谈论的“东西”（cosa）。而也恰恰是在迈入了这一门槛后，我们才能在哲学或者法律秩序中把握它。

在某种程度上，这样的一个概念 - 门槛混杂了现实与

---

1 在罗马法领域，actio 一般译作“诉讼”和“诉权”。但考虑到作者在后文中采用意大利语 processo 一词翻译 actio，再加上罗马法中 actio 一词也确实会与表示“审判”的 iudicium 一词混用（黄风，第 13-14 页），因此这里译作“审判”。

2 [...] ideo inseritur, ut demonstretur res, de qua agitur.——原注（译按：本句的描述对象是“请求原因”[demonstratio]，原文全句为“Demonstratio est ea pars formulae, quae principio ideo inseritur, ut demonstretur res, de qua agitur [...]”，“程式的请求原因这一部分，是要在其中表明争论的事物的[……]”。）

3 所涉及的（chiamato in causa）：这里是一处微妙的文字游戏。意大利语中 chiamare in causa 是一个固定表达，意思是“让某人或某物卷入责任问题”、“将某人或某物纳入讨论”，可以从中看到 causa 一词法律意义及其后续演变的痕迹。

言语、事实与法律。我们必须思考，为何恰恰是它为西方哲学和科学提供了最基础的术语之一。如今的思想被迫朝着单一的方向盲目探索，甚至有着不祥的征兆。而只有意识到西方知识在法律、政治和之后的神学中的起源，才有可能将它从种种制约和标记（segnatura）中解放出来。

16 *3*

称案件和过错界定了法律领域的起点，这是因为它们不是严格意义上的法学概念，而是如我们所见，指出了某个行为或事实从何处开始进入法律范畴。这在“过错”的概念上体现得更为明显。在《优士丁尼法典》中，它的意思主要是说一件事可以归责，即某个人做出了某个行为，经由法律的介入，需要承担其后果。在这个意义上，拉丁语中 culpa 和 noxa[1] 是同义词，而 noxa 的词源则可以追溯到横死（nex）的晦暗语境。然而在这个宽泛的概念里，

1　noxa 在罗马法语境中一般译为“侵害”。

法学实践者和研究者关注的只有“过失”这层技术含义。和故意（dolo）、诈欺（intenzione fraudolenta）不同，过失是说某个人没有做应做的事[1]，根据不同的情况还可以进一步分为重过失（culpa lata）和轻过失（culpa levis）。因此，在法律用语中，过失指的不是责任，而是责任的界限。

我们说明了这个词在法律领域中的界限意义，但它本身并不是一个法律概念，而是指出一种“门槛”，在迈过这个门槛之后，某个行为随即变得可以归责于某人，他也因此而有过错[2]。这也是不幸的起点，因为此后一切行 17
动与姿势都不再清白，反而受制于一种异己的力量：罪（pena），它同时指需要偿付的代价和我们无法解释的痛苦。为什么会这样？为什么人类会意识到自己的行动会使他有过错？这种自我指控浅白而寻常，却是我们仍需解决的谜题。

1　今天的刑法依然会区分故意犯罪（delitto doloso）和过失犯罪（delitto colposo）。——原注

2　in culpa esse; obnoxius，“有过错”（colpevole），指的并不是引发罪行的人，而是“在过错中的人”，这可以从最初用于表示位置的介词 ob 看出来。——原注

4

一条令人不安的纽带以法的形式将行动与后果、原因与过错联系起来，这是卡夫卡作品永远的主题。在他死后出版的故事《叩击庄园大门》（*Der Schlag ans Hoftor*）里，叙事者的妹妹无意间敲了一座庄园的大门，莫名带来了一场指控和永无止境的审判：

> 离庄园数百步远的地方，在向左转的公路旁边，出现一个村庄。我们不熟悉它，但是，就在我们走过第一幢房子之后，看到有人走了出来，他们友好地或告诫地向我们招手示意，自己却惊恐万状，吓得弯下了腰。他们指着我们刚才经过的那个庄园，提醒我们敲击大门的事。庄园主将要指控我们，审判[1]马上就会开始。（第341页）

1　德语原文是 Untersuchung，指的是法庭审判之前搜集案件事实的调查阶段，比如《审判》的第二章“初次调查”（Erste Untersuchung）。作者使用的意大利语译文是 processo，即“审判”，指案件得到审理和判决的过程，与德语原文略有出入。

不过，关于无法摆脱的归责之谜，卡夫卡最主要的思考还是体现在小说《审判》里。要使一个人承担责任，并不需要明确的指控。主人公约瑟夫·K的故事似乎就告诉我们，人仅仅活着就要遭到指控（accusato）、置身于案件之中（chiamato in causa）。没错，甚至在指控还没有下达时[1]，人就会立刻开始指控自己，或者说自我诽谤——在某种程度上，约瑟夫·K就是这么做的。真正的指控者和法官越是回避他、忽视他，他就越是要固执地找到他们。不论如何，包括主人公在内的我们所有人都陷入了审判——也就是法——的领域，无法逃避，也无从解释。当约瑟夫·K最后向神父问道："人为什么会有过错？"他得到的答案是：其实不存在任何宣判，也无须宣布任何过错，而"审判本身会逐渐变成宣判"。正如一位伟大的现代法学家所说，"没有无判决的刑罚"（nulla pena sine iudicio）的原则在审判中颠倒为"没有无刑罚的判决"，因为"一切刑罚都在判决中"（Satta，1994，第26页）。唯一的救赎是不牵涉任何案件或责任问题，永远生活在法 18

1　法庭派来的使者在第一场谈话里对K说："我不知道您是否被指控。"——原注律领域之外，而这似乎绝无可能。

19

5

根据一部题为《论撒旦》（*Massekhta Satan*）的米德拉什[1]，末日时，神让撒旦出现在自己面前加以判决。神对撒旦的指控就是“指控”本身：撒旦被控长久地指控人类，也即指控神创世的作品（opera）：他指控亚当和夏娃，于是神不得不将他们放逐出天堂；他指控大洪水时代的人类，于是神降下洪灾惩罚他们；他指控建造巴别塔的人类，于是神让人类分散，混淆了他们的语言；他指控第一和第二圣殿时期的以色列人，于是神两次摧毁圣所，让祂的子民在各个国家之间流亡。因此，神判罚指控者从世界上消失，世界则会在新的创世中重生。撒旦没有接受宣判，驳斥它的法官说：“你让我离开这个世界，但我与你相似，因为我们连接在一起：你创造了天地，我则创造了地狱。”

1　米德拉什（midrash）：希伯来传统中的《圣经》解释学，亦指解经文本。

（Mopsik，2004，第 31 页）直到最后，神已将撒旦永远地流放到黑暗的深渊，它还是继续向神提出诘难："世界之主，你穿过火焰下到此处来惩罚我，展现出强大的能力，但是这能力并不属于你：在你之上，有另一种力量。"[1]

需要仔细考虑这里的微妙之处。米德拉什的作者或多 20
或少有意让撒旦说出这些反驳。撒旦是神的指控和判决能力的化身，这种能力是一神论宗教不可或缺的一环，即刑罚的正义（giustizia penale），在某种意义上也代表了凌驾于神的力量。于是，对撒旦的判决意味着对判决的判决，而抹除撒旦则对应着新的创世，届时不会再有任何过错和判决。但是，撒旦最终的反驳在于：为了创造新的世界，需要一个新的神——没有指控和判决能力的神。

6

从更为笼统的用法到法律词汇中"疏忽"的含义，

1　作者的译文与原译文略有出入，原译文意为："世界之主，所有你展现出的能力都不属于你，在你之上有另一种力量，是这力量让你在这熊熊烈火中得以保全。"

colpa 一词经历了有趣的语义演变，值得进一步分析。事实上，最古老的法律根本没有涉及任何类似于过错的概念。比如《十二表法》：

> Si membrum rupsit [...] talio esto;
>
> 如果毁伤他人肢体［……］应对他同态复仇；（8.2）
>
> Si pater ter filium venum duit, filius a patre liber esto;
>
> 如果父亲三次出卖他的儿子，儿子就不再受制于父亲；（4.2）
>
> Patronus si clienti fraudem fecerit, sacer esto.
>
> 恩主欺诈门客的，让他归神所有。（8.21）

所有的证据都表明，这里的法条建立的只是某个行动和法制后果之间的关联；确定的也不是过错，而只是宽泛意义上的“罪”（pena），即刑罚。

当 colpa 一词严格意义上的法学含义——即“过
21 失”——在努马（Numa）的立法中逐渐出现时，与之相伴的是 dolus 的概念，即恶意或者诈欺。费斯图斯在《论词的含义》中写道：

Si qui hominem liberum dolo sciens morti duit, paricidas esto.

如果一个人有意识地故意伤害自由人致死，会被处死。（221）

和 dolus 相对，culpa 指的是无意中因为疏忽造成伤害的行为。同样在这里，没有主观故意的行动者需要担负的责任也更小。事实上，《学说汇纂》（*Digesta*）中的一段内容已经涉及了有关过失严重程度归责的问题：

Magna negligentia culpa est, magna culpa dolus est.

过失是重大的疏忽，故意是重大的过失。（50.16.226）

后期注释法学派[1]对此作出了更细致的区分，将 culpa 分为 latissima、latior、lata、levis、levissima。[2]行动者总是要担责，只是根据他主动参与行动的程度，担负的责任也有所不同。

人们经常认为这种演变是一种进步，以发展出“责任

1　11 世纪晚期在意大利博洛尼亚大学最早出现了以研究罗马法为中心的“注释法学派”，注释法学派第二个发展时期的法学家被称为“后期注释法学派”（postglossatore）。

2　分别对应故意（dolus）、推定故意（dolus praesumptus）、重过失、轻过失和极轻过失。

的根基是自由意愿”这一现代观念为顶点。然而，事实上，这只是强化了行动者与其行动之间的联系，是过错的内在化，并没有拓宽主体真正的自由。行动与行动者之间关联
22 本来只通过事实定义，但现在却扎根于主体，使主体成为有过错的主体。这就意味着过错从行动转移到了主体身上，主体只要有意识、有意愿地（sciente et volente）做某事，就要承担行动的全部责任。

7

伟大而臭名昭著的20世纪法学家卡尔·施密特的首部著作讨论的就是过错。他首先反对将这个“刑法的基础概念”还原成心理范畴，拒绝把它和意向（intenzione）或疏忽等同。要定义什么是过错，不能依赖它这两种呈现在法典中的形式。然而，施密特也清楚，一旦寻求“过错”的纯粹法律定义而排除一切心理学成分，就势必会冒着废除“没有过错就没有刑罚”这一法学基础原则的风险。施密特写道：

> 确实有可能论证刑罚在逻辑上先于过错，因为如果过错不遭到惩罚，那就不能算过错。如此一来，消除所有犯罪的最简单的方法，其实就是废除所有的刑法条例，“没有过错就没有刑罚”的原则也就会变成“没有刑罚就没有过错”。（第 19 页）

这样的颠倒会带来矛盾的结果。因此，施密特反驳称，法律必然预设了刑罚起威胁作用的基础，也就必须认为法律惩罚的对象是“某种恶，即与其目的背道而驰的事物” 23
（同上）。然而，这就意味着过错在本质上是“内主体的”（innersubjektives）（第 28 页）原则，与他反心理学诠释的出发点相悖：

> 法律系统考虑的犯罪——即指控的出发点——在本质上是罪犯意念中的某个过程。但并不是任何心理过程本身都应当考虑在内，而是只涉及客观化的、外显的部分。（第 29-30 页）

法律不考虑也不惩罚没有客观化的心理活动。但是，“要判决外显出来的部分，并不是因为它的客观性本身，而是基于产生它的内在精神活动”（第30页）。

承接这些前提，施密特将过错从实行某事及其后果的因果纽带中截然分离：枪击致使某人死亡，这符合物理规律，而“没有人应该对这一因果过程本身负责”（第31页）。讨论责任归属的原则应该是“恶的意愿”（böse Wille）（第92页）。从法律角度看，要说一个人有“恶的意愿”，不能只从心理学角度定义，而是指“这个法律意义上有能
24 力的人，能够意识到他没有履行自己的义务，却依然具体地设置了违背法律秩序的种种目的”（同上）。

对于施密特这样一个公开认信天主教的法学家来说，将行动的责任追溯到“恶的意愿”，这并不令人惊讶。我们之后会讲到，建立在主体意愿上的过错，以及“意愿”概念本身的发展，事实上都是基督教神学的成果。

8

可能是出于无意识的反讽，我们为自己的文化中最沉痛，也是内涵最丰富的那种不安——罪过（peccato）——

选取了一个无关痛痒的词。根据词源，peccato 一词指的只是字面意思上的“失足”。埃尔努和梅耶的词典指出：“pecco 与 pes（脚）的关系类似于 mancus（缺胳膊）和 manus（手）的关系。”包括 scelus（罪行）和 sceleratus（罪犯）的词源也类似，可以追溯到梵语的 skhalati，意思是“失足”。《圣经》中表示“罪过”的希伯来语动词词根 *ht’ 最早也是指“失足”或者“错失目标”。另外，古希腊语用来翻译《旧约》七十士译本（Settanta）中 ht’ 和 hatta’t 的两个词 ἁμαρτάνω 和 ἁμαρτία 也用于《新约》，分别指“犯下罪过”和“罪过”。毫不意外，这两个词一开始的意思也是“错失目标”。上述考察意味着在这几门语言中表示“罪过”这个概念的词本来并不存在，是日后由先知和神学家 25
构造出来的。但是，“罪过”确实基于“无意错误”的概念，比如失足踏空、错失目标，这仍然说明自由意愿的预设并非必要。同最古老的法学文献所揭示的一样，我们对《圣经》文本的分析也显示，关键只在于实行某事与其后果之间的联系。这里涉及的是人类在与神的关系中“必然”犯下的错，而非罪过的意愿。当然，罪过的问题总是关乎对神的命令的僭越（trasgressione），但这僭越是如何发生的，在某种程度上没有得到解释，也无法被解释。

这一点在《创世记》的叙事中体现得十分清楚。已经有学者注意到，其中不仅仅“罪过”一词从未出现，而且关键依然在于亚当和夏娃实行行为与其后果之间的联系（Quell，1933/1963，第 751 页）。首先是发现自己的裸体（nudità）[1]，随后是被驱逐出伊甸园，被罚受苦与劳作。有神学家认为，这里的根本问题是“亚当和夏娃意识到，
26 只要自己愿意，就能违背神的命令”（同上）。这是情有可原的过度诠释，但实际上，这种已经被广为接受的解读把现代意义上的“过错”概念引入了《圣经》的叙事里。

9

很难不认为我们的祖先行动的后果是某种刑罚，神愤慨的质问则是总结陈词。能给我们启发的是，正如所有的总结陈词，神关注的只是确认事实，宣判的出发点也是纯

1 “他们二人的眼睛就开了，知道自己赤身露体。”（3.7）——原注

粹事实性的："你［……］吃了那树上所出的，就是我吩咐你不可吃的。"（《创世记》3.17）和古代法一样，随着违背命令而来的是宣布刑罚。而就算能够论及过错，这也只是相对于一个看似完全随意的禁令而言的。

上述考察意味着"没有过错就没有刑罚"的原则很可能确实被颠倒了。如果没有刑罚，甚至都不会有过错。

重新来读之前引用的古代法：

> 恩主欺诈门客的，让他归神所有；
>
> 如果毁伤他人肢体［……］应对他同态复仇。

很显然，恰是制裁（sanzione）本身的下达确立了某一事
实为犯罪或是有过错的。[1]就算实行犯罪必须是有意为之， 27
奉献给神[2]和复仇[3]也总是已经将其认定为有过错。"没有过错就没有刑罚"意味着刑罚只能是实行某事的后果。但是，过错存在的前提则，是存在刑罚以制裁的形式明确过

1　"有过错"的意思是"由刑罚以制裁的形式明确的"。——原注

2　sacer esto 的意思是这个人为冥界诸神所有，因此杀死他不算作谋杀。——原注

3　同态复仇法（legge del taglione）是说，可以合法地对行为的责任人施加同样的行为。——原注

错：“没有刑罚就没有过错。”因此，制裁并不是法律的附属，反而应该说法律的本质就是制裁。

10

罪过依赖于法，没有法就不会有罪过，因此法也就首先是“罪过的法”（νόμος τῆς ἁμαρτίας）（8.2）。这就是使徒保罗在《罗马书》中抨击托拉[1]时的核心主张。尽管在提出“法是罪过”（ὁ νόμος ἁμαρτία）（7.7）之后，他不得不收起锋芒，可能略带讽刺意味地否认称“（法）绝对不是（罪过）！”，又称“法是神圣的”（ὁ μὲν
28 νόμος ἅγιος）（7.12），这丝毫不能改变他坚持主张法和过错秘密联结的事实。他写道：“过错[2]凭借法[3]更显出是恶极了。”（7.13）而弥赛亚则是让信他的人“就法而言

1　托拉（Torah）：此处指《旧约》中的摩西律法。

2　此处作者用“过错”（colpa）来翻译其他几句中翻译成“罪过”（peccato）的 ἁμαρτία 一词。参考本章第 8 节、第二章第 7 节。

3　古希腊语原文为 ἐντολή，通译“诫命”（comandamento），与其他几句中的“法”（νόμος）不是一个词。在下一段长引文里，作者则采用了“诫命”的译法。

死了”（ἐθανατώθητε τῷ νόμῳ）（7.4），以此从生发出“罪过的欲望”（τὰ παθήματα τῶν ἁμαρτιῶν）（7.5）的命令中解脱出来。他很准确地说明了法律和罪责之间的因果纽带（5.13）：“没有法（μὴ ὄντος νόμου），罪过就无法被归责（ἁμαρτία δὲ οὐκ ἐλλογεῖται）。”

之后的著名段落历来吸引了众多评论家的注意，说的也是同样的道理：

> 这样，我们要怎么说呢？法是罪过吗？绝对不是！但是，若不是藉着法，我就不知何为罪过；若不是法说“不可贪心”，我就不知何为贪心。然而，罪过趁着机会，藉着诫命，使各样的贪心在我里头发动，因为没有法，罪过是死的。以前没有法的时候，我是活的；但是诫命来到，罪过活起来，我就死了。那本该叫人活的诫命反而叫我死。（7.7-10）

这几节有力体现了“没有法就没有过错”的原理。

11

严格意义上来说，制裁是法条文本中声明对僭越者的
29 刑罚的部分。但是，拉丁语动词 sancire 本身指的是“使某人或某物受神庇护（sanctus）”。乌尔比安[1]在《学说汇纂》中清楚地说明，法因包含制裁而是神护的（santo）：

> 神护的事物既非神圣，亦非世俗，而是指经由制裁明确的（sanctione quadam confirmata）。由此，法是神护的，因为有制裁支撑（sanctione enim quadam sunt subnixae）。而制裁支撑的事物是神护的，尽管可能不用奉献给神：在制裁中，有时还会明确，违法行事的人会被处死。（1.8.9.3）

此处不能混淆“神圣”（sacro）和“神护”（santo），这两个词乌尔比安区分得很明白。不过，它们有时会被混淆，这也不难理解，因为拉丁语sancire一词的词根*sak-

1　乌尔比安（Ulpianus，170—228），罗马法学家，主要活跃于塞维鲁王朝（Severi，193—235）末期。他的主要工作是针对市民法（ius civile）和诏谕（edictum）所作的评论，其中许多内容被优士丁尼收录在了《学说汇纂》中。

也派生出了sacer。于是，于盖特·菲吉耶[1]在他关于拉丁语如何表达“神圣”的研究中指出：sancire一词指的是“使……变得神圣”，“将某物置于词根*sak-指示的状态中”，即“让……存在”、“使……变得真实”（第118页）。

埃米尔·本维尼斯特[2]反对这样的看法，他提示道：“仅仅将sacio和sanctus跟词根*sak-联系起来是不够的，因为sacer还派生出了动词sacrare。实际上，sacio的意思不是‘使……变得sacer’。有必要明确拉丁语中sacrare和sancire之间的关系是什么。”（1969b，第189页）尽管乌尔比安的定义看起来是个循环定义，但他确实认为神护既非sacer（意思是“奉献给神的”），亦非世俗。本 30
维尼斯特继续写道：

> sanctum［……］不属于二者，而是由制裁（sanctio）

1　于盖特·菲吉耶（Huguette Fugier），斯特拉斯堡第二大学（Université Strasbourg II）普通语言学荣休教授。

2　埃米尔·本维尼斯特（Émile Benveniste，1902—1976），法国语言学家、符号学家，曾任教于高等研究应用学院（École pratique des hautes études），又曾任法兰西公学院比较语法学教授。

> 确立、通过对任何违抗行为的刑罚来维护的，比如 leges sanctae（“神护的法”）［……］在 legem sancire（“立法”）这个表达中，sanctio 指的就是法条中说明对违法者的刑罚的部分。sanctio 总是和 poena 联系在一起。结果，动词 sancire 就等同于 poena afficere（“执行刑罚”、“实施惩罚”）。在古罗马的立法中，诸神亲自以复仇者的身份介入，执行刑罚。在相似的案例中，其原则是“违法的人会是 sacer”（qui legem violavit, sacer esto），这类法被称为 leges sacratae（“神圣的法”）。如此一来，“制裁”使得法生效，法变得不可侵犯。这就是为什么动词 sancire 可以用来指代使法生效的款项。所以我们不仅仅有 legem sancire 和 lex sancta 这类表达，还有 lege sancire，即通过法——法律设置——让某物变得不可侵犯。基于全部这些用法，可以认为 sancire 说的是划定一种设置的应用范围，并将其置于诸神的保护下，从而变得不可侵犯，而僭越者会遭到神罚。（第 189-190 页）

本维尼斯特试图在这里指出 sacer 和 sanctus 之间的差
31 异，然而问题并没有这么简单。至少表面上看，二者之间的差异在于前者是内在、自然的条件，而后者则是一种操作的结果：

> 区别不仅仅在于 sacer 是一种自然状态，sanctus 是一种操作的结果。我们有 via sacra（“神圣的道路”）、mons sacer（“神圣的山”）和 dies sacra（“神圣的日子”）这些表达，但另一方面总是说 murus sanctus（“神护的墙”）和 lex sancta（“神护的法”）。sanctus 的是围墙，而不是围墙内的领土，领土是 sacer。由制裁保护的事物是 sanctus。但是，与神圣事物接触不会带来 sanctus 的状态。事实上，对于通过接触 sacer 之物而变得 sacer 的人，是不存在制裁的。这样的人被驱逐出共同体，他和杀死他的人都不再会受到处罚。可以说，sanctum 处在 sacrum 边缘，防止任何人触碰它。（第 190 页）

特别注意到，尽管本维尼斯特援引了“违法的人会是 sacer”这条原则，却没有意识到他所认为的“自然状态”实际上也是一种操作的结果，依然具有制裁的形式。例如《十二表法》中的此条：

恩主欺诈门客的，让他归神所有。

毋庸置疑，此处神圣性（sacertas）是“归神所有”（sacer esto）这一款项的结果。跟联结制裁和某一行动的框架相符，实施欺骗行为的恩主将变得 sacer，这就意味着杀死他的
32 人不会被判谋杀罪。

本维尼斯特在一定程度上意识到了他的区分并不完善：“随着神圣的古代意义转移到制裁上，二者之间的差别也渐渐消失。”（第 190-191 页）他于是感觉需要进一步明确自己的理论：

> 如果要定义［……］sacer 和 sanctus 的区别，可以说等同于暗含的神圣（即 sacer）和直白的神圣（即 sanctus）之间的区别。sacer 一词本身的含义神秘而难以把握。sanctus 指的则是经法建立的、由人类负责的禁令所产生的状态。（第 191 页）

如此一来，“神护”突然又变成sacer这一种类下更具体的分支：本来用以区分sacer和神护的界限是人类的操作（sacer esto），但现在我们发现二者都满足这个条件，这一区分于是变得暧昧不明。

12

杨·托马斯也撰写过一部关于制裁的研究著作。他指出，在最古老的法律中，规则（regola）和制裁是列在同一个条件命题（proposizione condizionale）中的，而制裁也是构成规范（norma）的一部分：

> 公元前450年，《十二表法》指出："如果恩主欺诈了门客，那么恩主会被奉献给神处死[1]。"（8.21）或者："如果父亲三次出卖他的儿子，儿子就不再受制于父亲。"（4）此类款项的共同点在于，它们只通过同一句话就明 33
> 确了两件相继的事情：实行了何种僭越行为，以及应该施加什么刑罚。在某种程度上，法吸纳了罪行的发生情形，与罪行妥协。（1993，第136页）

罗马法的历史演化过程表明，罪行与制裁之间的这种同时起效（contestualità）的密切关系逐渐被清楚地切割开来：

1　托马斯为 sacer esto 补译了"处死"（sera [...] mis à mort）的表述。

法不再直接在条件命题中让刑罚从属于违法行为的故意实行，而是将它的命令一分为二：首先宣布规定（prescrizione），之后再施加刑罚，并将后者视作前者所述禁令的后果。（第 135 页）

法的呈现形式的转变对应了制裁和法本身的基础状态的转变：

制裁不再被视作法条涵盖的发生情形的直接结果，而是在总体、抽象的层面禁止违背法律禁令本身。它针对的不再是某人实行了有法律后果、需要承受刑罚的事情，因此要被置于包含在法本身之中的非法性里；相反，
34 它针对的是某人违背、违抗了法律，于是我们说他处于“法外”（fuori legge）。（第 136 页）

制裁与法、法与法的僭越之间的这层新关系，在塞维鲁王朝的法学家尤利乌斯·保罗（Iulius Paulus）笔下有所体现：

Contra legem facit, qui id facit quod lex prohibet.

谁违背了法，谁就做了法所不允许的事。（《学说

汇纂》1.3.29）

这种转变的结果首先反映在了犯罪行为的一种新基础状态上：

> 尽管规范的内容和制裁有所区分，但二者的对称性同样还是将违法行为和守法行为写入法条之中：从一开始，违法性就是作为法律假设（ipotesi legale）被列出的。（Thomas，1993，第 137 页）

在这种情况下，制裁针对的行动与制裁本身处在同一层面，因此严格意义上很难说某一行动"僭越"了法律；相反，在法条的新形式中，"法宣称的'僭越'指的是违反它宣布的令式（imperativo）［……］如此一来，非法性在形式上[1]就处于法外。"（同上）

还不只是这样。法一旦将僭越行动置于自身之外，就可以把制裁从单一的惩罚功能中分离出来，同时又让它转向自身，担保法的不可侵犯性。神护性的范式定义了城墙 35

1 作者将原文的 formulairement 误译作 formalmente，引文原意为："非法性在条文上处于法外。"

统摄的法律领域：从传奇的列慕斯（Remus）之死开始，人们就认为城墙是神护的，因为侵犯了城墙会被处死：

> Si quis violaverit muros, capite punitur [...] nam et Romuli frater Remus occisus traditur ob id, quod murum trascendere voluerit.
>
> 如果一个人侵犯了城墙，他会被处死［……］例如罗慕洛斯（Romulus）的兄弟列慕斯曾想要冒犯城墙，被罗慕洛斯所杀死。（《学说汇纂》1.8.11）

基于这一模式，法学家开始认为法是神护的，因为制裁保护它免受人的侵犯。如果正如《学说汇纂》中马尔基阿努斯[1]在之前一个段落指出的，“一个事物是神护的，也就是说，它可以抵抗和防御人们的侵犯”（sanctum est, quod ab iniuria hominum defensum atque munitum est），那么最典型的神护之物就会是前引乌尔比安的文本中提及的法，因为法恰恰是由制裁所支撑的。[2]托马斯在讨论lex

1　马尔基阿努斯（Marcianus），塞维鲁王朝时期的法学家。与盖尤斯一样，马尔基阿努斯也写了一部《法学阶梯》，其中的16卷和他的其他部分著作都被收录进了《学说汇纂》。

2　乌尔比安又补充说，制裁的形式不一定是奉献给神。——原注

sancta时总结道：

> 这一表达中，形容词保留了其过去分词的意义：由一道屏障［……］保护起来的法。这并非神圣性，因为立法者并不是针对法本身来保护法，而是针对第三方。刑罚的对象是从外部破坏法律的，是那些“对抗法律的人”（adversus legem faciunt）。罪划定了合法性的界限。正如罗马的城墙划定了一片法律区域一样，法在某片空间的内部发挥其全部效力。（1993，第 147 页）

有必要考察法学家和立法者以这种方式潜在地实现了 36
何种操作，以及这意味着什么。这一进程对应了法之不可侵犯性与权威（autorità）的建立，同时也获得了一种本体论基础。一开始，制裁只是某个行动产生的直接而没有根据的后果，现在却转变为一种装置，一方面奠定了法之“受神庇护”，另一方面又将违背其命令的行为以“过错”和“罪行”之名排除到自身外部。法一旦通过制裁明确（sancire）自己的不可侵犯性，就会打开合法性的空间，也就是法得以生效的法律秩序空间。法受神庇护的进程也由此开启。历经种种耻辱或荣耀，最后到近代哲学时期，康德认定法的令式（imperativo legale）是人类精神生活的顶点——在西方历史上，这可能是法最后一次享有如此地位。

13

法并不总享有神护的光环。相反，最古老的证据显示，当时的立法者完全清楚法的两义性（ambiguità）特征：法通过制裁同时联结正义（giustizia）与暴力（violenza）。
37 索伦谈及自己的立法者身份时，讲得就非常清楚：

> [...] κράτει
> νόμου βίαν τε καὶ δίκην ξυναρμόσας.
> ［……］通过
> 法的力量联结暴力和正义。（Diehl，残篇 24）

即使最近的学者认为此处的νόμου应作ὁμοῦ[1]，这句话的

1 前者名词原型为 νόμος，意为“法”；后者为副词，意为“一起”、“在一起”。

意思也还是一样的，因为索伦很明确是在说他为雅典写下的法条。而品达的一个著名段落更是将这一点暴露无遗，甚至带着辛辣的讽刺。论及“法即主权者”（νόμος βασιλεύς），他指出法的阴暗面：

> Νόμος ὁ πάντων βασιλεὺς
> θνατῶν τε καὶ ἀθανάτων
> ἄγει δικαιῶν τὸ βιαιότατον
> ὑπερτάτᾳ χειρί.
> 法是万物的主权者，
> 统领有朽的和不朽的，
> 它以强力之手
> 将最暴力的化为正义的。

在两个文本中，νόμος 都是通过两种原则之间的尴尬结合来定义的：暴力与正义。不论是对于我们还是对于古希腊人，这对原则都构成了最矛盾的对立。而在柏拉图的《高尔吉亚》（484b）中，卡利克勒斯（Callicles）不无讽刺地调换了品达文本中两个词的位置，将 δικαιῶν τὸ βιαιότατον 变为 βιαιῶν τὸ δικαιότατον，即“向最正义的施以暴力”。有可能，柏拉图恰恰希望通过这种方式指出，如果法的操作让暴力合乎正义，那么也同样会对最正义的事物施加暴力。

14

38 只要对法律文本的原始表达进行细致的语文学分析，就不难注意到，法恰恰是由暴力与正义的衔接来定义的。比如说，我们再回去看《十二表法》里的语句：

> Si membrum rupsit [...] talio esto.
>
> 如果毁伤他人肢体［……］应对他同态复仇。

其中，talio一词可能是talis[1]的派生词。这意味着法律在这里并不简单地表现为针对僭越行为执行制裁，而是在免受制裁的情况下重复同一行为——相当于说这种重复是得

1 意为“同一个”、“同样的”。——原注

到许可的（lecito）。它代表的不是对先前暴力行为的惩罚，而是将它纳入法律秩序——先是受制于制裁，再是作为被许可的行为。

由此可见制裁和复仇之间的紧密关系，这点历来为人所知。在伊西多鲁斯[1]的《词源学》（*Etymologiae*）中，我们读到：

> Talio est similitudo vindictae, ut taliter quis patiatur ut fecit.
>
> 同态复仇法是对复仇行径的效仿，人于是要承受他所做的行为。（2.27.24）

而现代法学家和人类学家也指出了二者之间的相似性。他们认为“复仇和制裁属于同一个法律维度”，因为复仇无非就是把法在公共层面通过制裁明确的要求，以私下的方式实现（D'Agostino，1989，第312页）。但是，认为法受神庇护的状态可以被任意地地投射到复仇行为上，这却并不意味着法律秩序的形式中得以完全实现的义务感和正

1　伊西多鲁斯（Isidorus，556—636），东罗马帝国早期塞维利亚（Sevilla）大主教。

39 义感也能在复仇行径中浮现，而是意味着法的根源在于暴力。品达直接说明，法的原始形式就是暴力的正义化（giustificazione）；而用索伦的话来说，就是暴力与正义的联结。

制裁保护法律秩序。但罪行并非招致制裁的违法行为；相反，恰恰是制裁决定了罪行。这就是汉斯·凯尔森（Hans Kelsen）的纯粹法理论（teoria pura del diritto）之核心。与这一原理保持一致，凯尔森还否认了规定准则（precetto）的首要规范（norme primarie）和规定制裁的次要规范（norme secondarie）之间的区分。如果认为“不可偷盗”的准则是首要规范，而提出“如果偷盗，就会被处罚”这类制裁的是次要规范，那么“前者就是冗余的，因为‘不可偷盗’在法制上恰恰是由偷盗前提下的‘会被处罚’构成的”（1979，第 108 页）。

与传统学说的意见不同，实行非法行为与对应制裁之间的联结并不由某个内在于行为的属性决定。换句话说，一个行为之所以被制裁确定为罪行，并不是因为某个可以通过法律之外的（extragiuridico）标准定义的属性。相反：“某个行动或者疏漏被定义为非法，仅仅是因为它被设定为实行某项法治强制力的前提条件。”（Kelsen，1934/1992，第 117 页）从实定法（diritto positivo）的角度来说，凯尔森认为没有任何一种危害行为（fattispecie） 40
本身是非法或者有罪的。换句话说，必须存在相应的制裁来认定这一行为并加以惩罚，才可以进行非法或有罪界定：

> 没有法就没有犯罪，没有法就没有刑罚（nullum crimen sine lege, nulla poena sine lege），这是被普遍接受的刑法原则。由此可得，不存在恶本身（mala in se），而只存在被禁止的恶（mala prohibita）。（第 118 页）

根据一种法律“神护性”的观念，犯罪即对于法的“违背”或否定（negazione），而我们已经说明这是完全错误的。有关规范的文本一般以如下条件式为形式：如果有命题甲，那么就要有命题乙。其中，命题乙即制裁。根据这一形式，非法行为是作为法的前提条件而非其否定出现的。非法行为“不是异于法、与法相对的事实，而是内在于法且由法决定的事实；而法的本质，则恰恰是针对此类事实的考量”（第 119 页）。如果在这层意义上认为制裁是法的本质，那么规范的问题就既不在于实行被禁止的或相反的行为（即符合准则的行为）：唯一“应该”的只有决定并产生这些行为的制裁：

> 法律上的义务说的不是［……］应该有什么举止。只有实行制裁的强制力才是义务。要说某人按照法律、因法律层面上的义务而“应该”如此做，这无非是说存
> 41 在一个强制实行的义务（换句话说，这是有正面许可的、得到授权的或者符合准则的行为），作为他不如此做的结果，由此具有制裁的功能。（第 124 页）

然而单单说法律通过制裁产生了犯罪也是不够的。需要补充的是，制裁不仅创造了非法行为，还通过确定自身的条件首先产生了应做的行为，即执行制裁。而又因为制裁一般而言都以强制实行为形式，可以说法的本质恰是产生得到许可的暴力，是暴力的正义化——尽管凯尔森本人似乎不会想得出这个结论。

15

在指出法律规范的核心在于制裁之后，凯尔森又提出一个问题：是否可能存在一种无制裁的社会秩序？可以想见，答案是否定的。即使在山上宝训（Discorso della Montagna）中耶稣基督似乎设想了一个“不适用报应（retribuzione）原理的社会秩序”（第 28 页），却依然还是会诉诸上天的报偿，抑或地狱的惩罚。由此，不同社会秩序之间的差异“不在于是否利用制裁加以威慑，而在 42
于利用不同种的制裁威慑”（第 29 页）。

然而，“不罚之法”这一概念在最令人意想不到的地方得到了发展：罗马法。乌尔比安所著《规则集》（*Regulae*）中的一个段落正是通过是否包含制裁来区分不同的法：

> 完全的法禁止某些事务被履行，如果有人做了这类事，法要使之无效（perfecta lex est, quae vetat aliquid fieri, et si factum sit, rescindit）［……］而不完全的法同样禁止某些事务被履行，而如果有人做了这类事，法既

> 不使之无效，也不惩罚那个违法行事的人（nec rescindit nec poenam iniungit ei qui contra legem fecit）［……］次完全的法（minus quam perfecta），它也禁止某些事务被履行，而如果有人做了这类事，法不使之无效，但会惩罚那个违法行事的人（non rescindit, sed poenam iniungit ei qui contra legem fecit）。（1.1-1.2）[1]

正如托马斯所阐明的，完全的法要假装在法律层面根本不存在僭越者，以此确认自己的全能（onnipotenza）。用《优士丁尼法典》的话来说："如果有人做了法所禁止之事，不仅要判定这一行为无效，还要认定它就像没发生过一样（pro infectis）。"（1.14.5.1）而对于不完全的法来说，
43 违法行为既不会失效，也不会被惩罚，这是最有趣的情况，因为这种法究竟是否存在，还是个未知数。重要的是，法学家将这类法置于完全的法的对立面，一方面认为这类法依然处在法律领域的内部，另一方面觉得有必要把它们理解为法律领域的界限区域（zona-limite）。与凯尔森的观

1 另外，还存在"最完全的法"（leges plus quam perfectae），既规定违法行为无效，又惩罚违法行事的人（周枏，1988，第 7-8 页）。

点相反，对于罗马法学家来说，“不罚之法”是完全可以设想的。

处在两个极端之间的是次完全的法，这占据了大多数情况。这种法不能使僭越行为失效，因此只能诉诸制裁。而制裁再一次由某个既成事实与其后果之间的关联组成。前者被判定为“违法”（contra legem），后者则是刑罚，即“惩罚那个违法行事的人”（poenam iniungit ei qui contra legem fecit）。然而怪异的是，奠基了我们的法律基本原则的罗马文化将制裁和法的不完全（或者至少是“次”完全）联系在了一起。而彻底的“不罚之法”究竟会是什么样的，这是法学家和哲学家不应忽略的问题。

- 第二章 -

crimen 与 karman

1

经常跟culpa和causa联系在一起的，是crimen的概念。和另外两个概念一样，crimen在词典中也同时包含“指控”（accusa）和“罪行”（delitto）两层意思。比如crimen maiestatis同时是对君主或国家不敬（lesa maestà）的罪行和对这一罪行的指控；in crimen vocare的意思是“指控一项罪行”；aliquid crimini alicui esse则是说某事物“是指控某人的事由”，或者更确切地说，是“有罪归责（imputazione）”的事由。在很多将crimen一词跟culpa和causa相关联的段落里，我们都很难判断它们之间是简单的同义词关系，还是说需要分辨哪怕是非常细微的差别。

如果读一读西塞罗的《论取材》（*De inventione*）：

> [...] id crimen, quod infertur, ab se et ab sua culpa et potestate in alium reus removere conatur.
>
> [……] 对于被提出的指控（crimen），被告人试图将其从自己、从他的过错（culpa）和行事能力转移到其他人身上。（1.11.15）

我们会发现，尽管他看起来似乎将两个概念联系在一起，却依然区分了提出的指控（crimen, quod infertur）和责任（culpa）[1]。也就是在这个意义上，费德鲁斯[2]在《寓言集》（*Fabulae*）中写道：

> Lupus arguebat vulpem furti crimine
> negabat illa se esse culpae proximam
> 狼指责狐狸犯了偷窃的罪行（crimen），
> 狐狸则否认与这项过错（culpa）沾边。（1.10）

---

1 此前用“过错”翻译的拉丁语 culpa 一词（意大利语即 colpa），从本章开始和“责任”联系在了一起。这两个词之间的关系可以通过一句生活中常见的话说明：“这不是我的错。”意大利语中“我的错”即 colpa mia，但意大利人也会使用拉丁语表达，即 mea culpa——这原本是忏悔用语。通过否认“我的错”，说话者实际上是在撇清自己的责任。

2 费德鲁斯（Phaedrus），古罗马寓言家，活跃于公元 1 世纪。

由此区分了狼对狐狸偷窃的指控（arguebat vulpem furti crimine）和狐狸矢口否认的责任或归责（culpae proximam）[1]。 45

crimen 一词不同含义之间的微妙差别，以及形式和实质层面上的含义，都在《献给赫壬尼乌斯的修辞学著作》（*Rhetorica ad Herennium*）中有所体现：

> [...] cum a nobis non crimen, sed culpam ipsam amovemus, et vel in hominem transferimus vel in rem quampiam conferimus.
>
> ［……］我们摆脱的并非针对某项罪行的指控（crimen），而是过错（culpa）本身。我们要么将它转移到别人身上，要么诉诸某个（特殊）情形。（1.15.25）

这即是说，被告所做的不是否认“针对某项罪行的指控（crimen）”，而是把归责（culpa）转移到别人身上。由此，crimen 的意思并不是形式或者流程意义上的指控[2]，而是针对实行某项具体犯罪行为的指控，或者更恰当地

1　注意 proximam 在空间概念上的含义：在过错之中。——原注

2　这在拉丁语中叫 nominis delatio，意思是说指控者把要指控的人的名字写在被告名单里。——原注

说，是指控的内容——正如我们之前分析的，这恰接近于 causa 一词的确切含义：争讼的缘由，而事物因之被纳入审判（causatiuum litis, propter quod res in iudicium devocatur）。

如果说 crimen 一词同时包含指控和犯罪行为两层含义，这恰是因为这两种解释都不贴切。严格来说，crimen 指的是这两个含义之间的联系或者张力，是“由制裁明确的行动”，也就是说，这一行动会落入刑法规定中的某种制裁之内。正如罗贝尔·艾蒂安的《拉丁语词典》[1] 所述，crimen 是一个完成的行动（crimen proprie dicitur id quod
46 factum est）——但有个附加的界定条件：由制裁明确，即与一些后果联系在一起，而有鉴于这种种后果，该行动应该被归责[2]。概括来说，人类行动一旦需要明确责任关系并诉诸法律秩序，就会被赋予一种特殊的形式，这种形式

---

1 罗贝尔·艾蒂安（Robert Estienne，1503—1559），法国古典学家、出版人。他的代表作《拉丁语词典》（*Thesaurus Linguae Latinae*）是现代拉丁语词典编纂学的基石。

2 最后在审判中，除了确定指控（crimen）是否在形式上和过错（culpa）相应，重要的是判断被告是否确实需要担责。——原注（译按：在罗马法史上的法律诉讼［legis actiones］和程式诉讼［processo per formulas］中，这两个流程分别被称为“法律审”［in iure］和“裁判审”［apud iudicem］；到了非常审判［cognitio extra ordinem］时期，这一流程上的划分不再适用［黄风，第 22-33 页］。）

也就是 crimen。这当然不是什么好事：某个行动一旦迈入 crimen 的不幸门槛，就不再是清白的。这就是为什么拉丁语中的 criminatio 和 criminator[1] 很长时间以来都有“诽谤”（calunnia）和“诽谤者”（calunniatore）的贬义[2]。于是，从某种意义上来说，所有的指控都是诽谤；而最典型的控告者——criminator——也就是恶魔（demonio）。

2

分别于 1859 年和 1863 年，日内瓦贵族、语言学家阿道夫·皮克泰[3] 出版了著作《印欧起源》（*Les Origines indo-européennes*）的两卷，对青年索绪尔（Ferdinand de Saussure）产生了深远影响。我们能从本作副标题“论语

1　分别意为“控告”和“控告者”。当然，控告就是指控，这里仅在译法上与 causa 的派生词区分。

2　从词源来看，动词 calunniare 的意思是“念出魔法咒语”。——原注（译按：意大利语 calunniare 一词来源于拉丁语 calumnia，后者可能与古希腊语中表示“施法”的词 κηλέω 同源。试比较另一个同源词 calvor，表示“欺骗”、“使用计谋”。）

3　阿道夫·皮克泰（Adolphe Pictet，1799—1875），瑞士语言学家、语文学家、民族学家。

言学古生物学”（*Essai de paléontologie linguistique*）读出作者的意图：通过对词语的分析与比较，重构“一个史前人群——原始印欧人[1]——的全部生活”。古生物学家利用化石标本“不仅可以重新还原出动物的样貌，还可以了
47 解它们的生活习性、移动和进食方式，等等”。类似地，由于“词语像骨头一样留存下来”，语言学家也可以通过考察共通的语言学信息，重构出“产生该原始语言的人群的物质、社会和道德状态”（1877，第 6 页）。尽管本维尼斯特没有提及皮克泰的名字，甚至还在《印欧社会制度词汇》（*Le Vocabulaire des institutions indo-européennes*）一书的序言中刻意与“19 世纪至今的一些写作者”拉开距离，称他们“不断编撰无疑十分实用的语汇表［……］整理表示亲属关系的用语，包括数词、动物、金属、农具名称一类的词汇遗产”（1969a，第 9 页），但是两部作品之间似乎还是存在隐秘的联系。

总之，在细致入微地枚举、分析了农具和工业产物用语之后，皮克泰过渡到了法律术语。在第三卷“罪行与有

1　皮克泰称之为“雅利安人”（Aryas）。——原注

罪”（Le délit et la culpabilité）一章中[1]，皮克泰也讨论了 crimen 一词的词源：

> 拉丁语中的 crimen 一词极可能与梵语中 karman 一词对应。后者指的是笼统意义上的“作品”（opera）——不论是好的还是坏的，词根是 *kr，kar，等于拉丁语的 facere（“做”），被动态是 kriyatê。这一词根也保留在了拉丁语的 creo（“创造”、“制作”）一词里。比较 48
> facio 的派生词 facinus，和梵语中的 âpas，指的是罪过和宗教行为，等于 apas，拉丁语的 opus。由于 kar 在某些复合词的词尾会变成 krî，这里并不像波特[2]认为的那样涉及古希腊语的 κρῖνω 和拉丁语的 cerno（“分开”、“区分”、“决定”）；也没有必要与 discrimen（cerno 的派生名词）相比较，在 crimen 中看到取决于 κριτής——“法官”——的事物。（第 149-150 页）

1 有趣的是，本维尼斯特的《词汇》一书完全没有涉及这个问题。——原注

2 奥古斯特·弗里德里希·波特（August Friedrich Pott，1802—1887），德国语言学家。

3

本作的目的不是考证皮克泰提出的词源假说是否正确[1]。不过可以明确的是，crimen 和 karman 在概念上极其接近，二者关系之密切让人难以想象法律史和宗教史学家竟从未考虑过这一点。

印度学领域的共识是，在字面上表示“行动”一词的 karman，实际上的含义是“实行行为与其后果之间”的本质关联，即“理法”（ṛta）（Silburn，1955，第 192 页）。事实上：

> 每一个有意识的行动，不论好坏，都会产生效应或“果”，注定在恰当的时机成熟，不论在时间或者空间上有多么遥远：可能在此生，也可以在未来某世［……］我在此生被给予什么样的命运，是人类、植物、动物，还是冥界生命或者灵体，抑或享有神性，都是先前行动的结果，没有人能逃离。karman 属于事物的“法性”
> 49（dharmatā）[2]。而据印度思想家所说，这一法性是不可

---

1 埃尔努和梅耶似乎更倾向于波特的猜想。——原注

2 意大利语译作 natura，“自然本性”。

> 质疑的，是自然的法，其发展和变化独立于我们有关道德判断、报偿或惩罚的概念。善的行动有善的果，恶的行动有恶的果。佛教徒认为，karman 不是外在的、物质的行动，而是决定行动的意向或意欲本身。至于结果，可以说是有意行动的自动、无意的后续，是与伦理无涉的，即“无记”（avyākṛta），却又必然会带来痛苦或快乐的感觉，即“受”（vedanā），这也意味着存在由“蕴”（skandha）产生的组织或伪组织，使得这些感觉发生。（Gnoli，2004，第 xxii-xxiii 页）

而遵循 karman 的法、由实行行为与其结果之间的无限联结组成的世界也就是“有为法”（saṃskāra）[1]（Silburn，第 190 页）。佛教将其定义为“缘起”（pratītyasamutpāda）之轮转[2]，其内在原则和古罗马法中的归责原则一样，可

1　法语中叫作 faire agencé。——原注（译按：法语术语的字面意思是“关联在一起的作为”。）

2　梵语 pratītyasamutpāda 取“相依赖”（pratītya）而“产生”（samutpāda）之意（平川彰，1979/2013，第 51 页）。作者引用的研究则恰当地解释称，pratītyasamutpāda 是诸条件的互相关联（enchaînement des conditions），而其中的中心条件就是 saṃskāra（Silburn，第 190 页）。这个术语在意大利语里译作“条件性共同产生”（coproduzione condizionata）。

以总结为“如果有命题甲，那么有命题乙”，或者“若此存在，那么彼存在”（imasmin sati, idam hoti）的形式（Gnoli，第 xxviii 页；参考 Silburn，第 168 页）。

4

在印度思想的传统中，karman 在根本上和生命的转
50 世轮回学说联系在一起。在《中部》（*Majjhima Nikāya*）之《二种浅观经》（Dvedhāvitakkasuttaṃ）中，佛陀教导说：

> 我像这样观察卑贱、高贵、美丽、丑陋、善趣、恶趣的有情众生[1]的死亡、重生，了知这一切依业（kamma）[2]流转［……］那么，诸比丘，什么又是业的结果？我说有三种结果：或在此生中，或在来生中，或在后继之生中。（19.213；Gnoli，第 391 页；参考 McDermott，1980，

1　有情众生（sattva）：一切有感知与意识的生命体。

2　巴利语 kamma 即梵语中的 karma。

第 165 页）[1]

由此可见，每个人都要继承自己在之前的某世中完成的善行或恶行。

稍加思考这一学说的内在结构，不难发现，它不过是将 karman/crimen 的概念迁移到有序宇宙（cosmo）的层面并加以阐明而已。显然，这个理论之所以成立，是因为 karman 指的就是 crimen，也就是说，存在一种可以归责并产生后果的行动。crimen 的所谓法律概念和轮回的伦理—宗教学概念十分接近，一个再清楚不过的例子就是《增支部》（*Anguttara Nikāya*）中提到的两种有过错的行为：

> 产生现世报的（diṭṭhadhammika）和产生来世报的（samparāyika）。第一类行为的例子是实行偷窃的人，被当局逮捕，为他犯下的罪行受罚。第二类行为则包括 51
> 通过身体、言语或者思想实行的恶为，会在来生受到惩罚。（2.1；McDermott，第 178 页）

1　本段引文的后半部分实际上出自《增支部》之《洞察经》（Nibbedhikasuttaṃ）（6.63）。作者可能在写作时混淆了本段经文和后文中的《洞察经》选段。

如此一来，转世的观念便只是将实行有过错的行为的结果拓展到了未来。

于是，可以想见，印度理论也提示了已经为我们所熟悉的一点，即“能够归责的行动必须是有意向或意愿的”——这也是《洞察经》里的说法：

> 诸比丘，我想说思（cetanā）就是业（kamma）。思所起（cetayitvā），而后有业：以身业、以语业、以意业。（McDermott，第 181 页；参考 Gnoli，第 498 页）

而正如一位学者指出的，这里的“思”，即意向，指的不单单是决定行为本身，而是和西方法学家的看法一样，指行为的施动者，并将其与结果联结（Guenther，1974，第 42 页）。

5

根据安托万·梅耶在其著名论文《印欧宗教》（*La Réligion indo-européenne*）中的观点，如果要不失审慎地谈论某种“印欧伦理”，那么 karman/crimen 的概念无疑是其基础范畴。事实上，如果抛开这个概念，那么不论是佛教中超脱有为法的业的领域的学说，还是西方道德与法律 52 中关于过错与刑罚、德行及其报偿的基本观念，都将失去意义。

本书的目标显然不是重构印欧伦理的基础，而是希望跟随本维尼斯特的建议，尝试研究我们熟悉的领域中相对应的范畴是如何形成的（1969a，第 9 页）。我们的猜想应该已经显然易见：crimen 的概念，即由制裁明确、可以归责并产生后果的行动，不仅仅是法律的根基，还奠定了整个西方宗教道德与伦理体系的基础。如果这个概念出于某种原因而失效，那么整座道德建筑都会不可挽回地崩塌，因此必须尽快确认它是否有牢固的基础。

6

假如考察西方思想史上为由制裁明确的行动（azione

sanzionata）[1] 提供伦理基础的种种尝试，我们会发现，如果不像古希腊文化一样完全忽略这个问题，那么剩下的都和基督教神学中对自由意愿概念的艰难探索相呼应，而且也可能是出于这个原因，所有这些尝试都格外单薄。

53 古代思想史学家为数不多的共识之一，就是古希腊文化中不存在与意愿对应的概念（Dodds，1951，第 7 页注释 31；参考 Dihle，1982，第 20 页）。对此，我们可能需要采取一种相对缓和的立场，因为古希腊人在某种程度上能够认识到这个概念，只不过没有赋予其在基督教神学及其后续发展中的功能和中心位置而已。在一项标杆式的研究中，韦尔南（Jean-Pierre Vernant）注意到，现代意义上的意愿概念不仅预设了人朝向行动的取向，还暗含了人作为主体的重要性："人类主体被视作所有他发出的行为的源头和产生的原因"（第 43 页）。而恰恰因为意愿"并不是给定在人类本性中的"，而是"一种复杂的建构"，"其历史跟与之相关联的自我（io）的历史一样艰难、多元且并未完成"（第 44 页），所以必须避免将我们理解

1 后文中我用这个表达代指可以归责给某个主体并产生后果的行动。——原注。

行为举止、自由选择和主体责任的模式投射到古代人身上，否则就会造成时代错置（anacronismo）。

从这个角度看，很重要的一点是，对于我们用“意愿”（volontà）这一个词指代的概念，古希腊人需要诉诸不同的词汇：βούλησις（以及相应的动词 βούλομαι）指“欲 54
求”、“意向”；βουλή 是“决定”、“计划”、“建议”；θέλησις（以及动词 θέλω）的意思是“准备好、可以做某件事”[1]；而 ὄρεξις 一般用来指“嗜欲”，即欲望的官能。这些词中没有一个对应我们理解的“意愿”，即需要担责的自由行动的基础。如果要在法律和伦理领域区分我们所说的“有意行动”和“无意行动”，古希腊语使用的分别是 ἑκούσιον（指不受制于外部因素的行动）和 ἄκων（指在我们不情愿的情况下完成）。至于为什么 ἑκούσιον 严格来说不能简单地翻译成“有意愿的”（volontario），可以从亚里士多德在《欧代米亚伦理学》（*Ethica Eudemia*）

---

1 这个词也能用在完全客观的语境：θέλει γίγνεσθαι，“要发生”的意思，类似于一个托斯卡纳农夫说“non vuol piovere”，意思是“（天）不要下雨”。这里就使用了表示“愿意”的动词 volere。——原注（译按：“托斯卡纳农夫”出自 17 世纪初的一本匿名小册子《布鲁吉内的切科·迪·龙基蒂关于新星的对话》[*Dialogo de Cecco di Ronchitti da Bruzene in perpuosito de la stella nuova*]。一般认为小册子的作者是伽利略或他的一位学生。）

中的相关讨论看出来：他把动物的行为也定义成 ἑκούσιον（1111a.25-27）。另外还要记得，雅典市政厅（Pritaneo）也是审判机构之一，其管辖范围是动物甚至非生命体犯下的罪行。[1] 可以看到，这两个词之间的对立并不来自道德层面，因此涉及的也就不是使得行动者为其行为担负伦理责任的主观条件。事实上，这里讨论的是古希腊城邦规范
55 私人复仇时所依照的法律范畴，根据公民激愤的反应区分了不同的惩罚程度。由此，φόνος ἑκούσιος（“不受制于外界因素而实行的谋杀”）包括了亚略巴古（Areopago）管辖范围内所有应当惩罚的谋杀，但不区分简单的有意向（intenzionale）和预谋（premediato）；而 φόνος ἀκούσιος（“不情愿的谋杀”）指的则是帕拉迪翁（Palladio）管辖内的可被谅解的谋杀，不会进一步区分完全没有过错、疏忽、激情杀人和正当防卫的情况（Vernant, 第 54 页）。[2]

我们再次看到，这个框架并非试图在主体的意愿中明确责任，而是以行动的不同级别的可能性为基础，在客观层面上建立责任。与现代人为意愿赋予的重要意义对应的，

1 参考德摩斯梯尼《反对贵族》（*In Aristocratem*）（76）。

2 参考亚里士多德《雅典政制》（57.3）。

在古代世界中是能力（potenza）的优先地位：某人并不会因为愿意（volere）做某事而对其行为负责，而是因为他能够（potere）完成它。

7

这就是古代伦理的智性特点，对现代道德学家来说是如此抽象。苏格拉底有言，一切恶行实际上都是无知，因为“没有人出自意愿作恶”（οὐδὲν ἑκὼν ἁμαρτάνει）[1]。将意愿和行动问题联系在一起的思维方式，我们已经习以为常，因此很难理解为什么古人在这个问题上几乎只诉诸知识的概念。已经有学者充分注意到，对于古希腊人 56
来说，“一旦认出了善（bene），就不再有行动的自由，而对我们来说后者才是决定性要素”（Stenzel，1957，第173页）。柏拉图甚至可以在《高尔吉亚》中提出，由动

1　这句古希腊语引文似乎不是来自柏拉图作品的原文。用词类似的语句有 ἐπί γε τὰ κακὰ οὐδεὶς ἑκὼν ἔρχεται（“没有人出自意愿追求坏的事物”，《普罗塔戈拉》358c）和 οὐ γὰρ ἑκὼν ἁμαρτάνει（“因为他并非出自意愿作恶”，《理想国》589c）等。在柏拉图的文本中，动词 ἁμαρτάνω 适用于两种语境，即道德行动和技艺（如《理想国》340c-341a）。参考本书第一章第 8 节。

词 βούλεσθαι 表达的意向，指向的并非行动，而是行动的对象（467c）。“人并非欲求他所做的，而是欲求让他做所做之事的东西”（467d-e），让人做所做之事的则必然是一种善（ἀγαθόν）——可能是真实的善，也可能是行动者以为的善：

> 如果我们杀死了一个人、把他放逐、剥夺他的财产，我们做这些事是因为我们认为，对我们来说，做这些事比不做要好。（468b）

行动相对于其目的（fine）来说，总是居于次要位置。虽然我们经常把动词 βούλεσθαι 翻译成“欲求”或“愿意”，但是它的意思实际上更接近于智性判断，而非出于自由意愿的行为。在高尔吉亚的笔下，帕拉墨得斯（Palamedes）面对奥德修斯构陷的罪状为自己辩护，称如果他像人们认为的一样智慧，那么就不可能犯下他们指控的罪行，因为如果他真的犯了此罪，那就不可能被认为是智慧的（《帕拉墨得斯的辩护》残篇 26）。[1] 高尔吉亚设计这样的

1　Εἰ μὲν οὖν εἰμι σοφός, οὐχ ἥμαρτον· εἰ δ’ ἥμαρτον, οὐ σοφός εἰμι. ——原注（译按：引文意为：“如果我是智慧的，那么我不会犯下罪过；而如果我犯下了罪过，那么我不会是智慧的。”）

台词，并不只是因为他喜欢关于矛盾的思辨。实际上，如果这里可以使用“过错”一词，那么产生过错的原则并不是“恶的意愿”，而是无知。人行动不是因为愿意，而是 57
因为他知道什么对他来说是好的：而凡是他知道的，他就也能够去做。

8

在古希腊世界，通常是悲剧提供了讨论自由与过错问题的语境。有学者认为，作为自由行动者的人首次出现在埃斯库罗斯笔下的古希腊城邦中。韦尔南跟随安德烈·里维耶[1]反驳了这个明显的时代错置，信手点出这一主张的缺陷：

> 而促成决定的，最终总是一种由诸神强加的“必然”（ἀνάγκη）［……］悲剧的人根本无法在两种可能性之

1　安德烈·里维耶（André Rivier，1914—1973），瑞士古典学家，洛桑大学（Université de Lausanne）古希腊语言与文学教授。

> 间“选择”，而是“发现”面前其实只有一条路可走。他的作为展现的不是主体的自由选择，而是承认宗教秩序的必然性：悲剧角色不可能逃离必然，他因此是在“决定”的深处、从内在被“强制”的（βιασθείς）。就算有任何“意愿”可言，这种“意愿”也不是康德意义上的“自主意愿”，甚至都算不上阿奎那语境里更简单的意义。这样的意愿，就算不能说受到注入人类内在的神圣力量的制约，也总是和对神性的敬畏联结在一起。（第46页）

以阿尔宾·莱斯基[1]为代表的学者提出的论题则更为
58 符合悲剧经验。他们认为，对于埃斯库罗斯的剧作来说，行动具有双重动因，即外在的神的动因和内在的人类动因，二者紧密相连、不可分割。悲剧英雄的决定同时是被迫的和自由的，而冲突之所以产生，恰恰是因为他的行动呈现出“相互对立却又不可分割的两面”（第62页），因为他所愿意的并不是自己选择的，又要回应从未有过意愿之事。索福克勒斯笔下的俄狄浦斯于是声称自己的

1　阿尔宾·莱斯基（Albin Lesky，1896—1981），奥地利古典学家，维也纳大学（Universität Wien）古希腊文学教授。

恶行全都“来自一个残忍的精灵”（《俄狄浦斯王》，816，828），又说自己犯下了“有意而非无意的”（ἑκόντα κοὐκ ἄκοντα）（1230）恶行。韦尔南总结道：

> 行动的根源既在于人本身，又在于人之外。同样一个人物，有时他是行动者，是其行为的原因和根源；有时他又是被动的，陷入超越他并将他卷走的强力中。在悲剧作品中，人类的动因和诸神的动因混合在一起，但这并不意味着它们就此混淆。这两个层面有所区分，有时则相互对立。但是，即使在诗人最着重突出这种对立的文段里，两个范畴也不相互排斥：并不能根据人物的主动程度，将他的行为归类到两种范畴之一；而是说，同样的行动总是同时牵涉这两个相反而不可分割的方面。（第 68 页）

9

如果发挥韦尔南的论题，察觉到“由制裁明确的行动” 59

这一概念本身不可调和的分裂从悲剧冲突中浮现，这就将悲剧冲突归回其原本的语境了。我们讨论悲剧时，处理的并不是行动者的责任与命运的必然性之间的主观困境。换言之，问题不在于主体感觉自己一方面是其行为的自由因，另一方面又是“众神手中的傀儡”（第72页）。事实上，一旦行动跟主体和制裁不可逆转地联系在一起，那么就可以说其中的冲突正扎根于行动的形式本身。如果将实行某个行为归责于主体，并因此认定他有过错，这就意味着把行动视作伦理与人性的最终标准，如此便会引入无法解决的分裂。即使像在《欧墨尼得斯》和《安提戈涅》中，冲突看似由两种不同的法律产生[1]，但实际上也是由法本身的形式造成的：通过制裁禁止或强制、规定或惩罚某一行动。黑格尔曾察觉到类似的问题。在《精神现象学》中讨论古希腊悲剧段落里，他写道：

> 正因为自我意识认识到自己是主体，并采取行动（zur tat schreitet），它才摆脱单纯的直接性，为自己制造出

1 埃斯库罗斯笔下的血亲之法与雅典法庭，索福克勒斯笔下的未成文法与实定法。——原注

> 一种分裂（die Entzweiung）［……］自我意识通过行动于是转变为**过错**（Schuld）。因为这是它的行动，而行动是它的最为根深蒂固的本质。**过错**也获得了“罪行”的含义［……］**过错**不是一种漠不相关的和模棱两可的 60
> 本质，仿佛那个**现实地**表现出来的行为既可能是，也可能不是它的自主体的行动，仿佛那与行动联系在一起的是某种外在的和偶然的东西，仿佛这些东西既然不是隶属于行动，那么行动就是无过错的了。但实际上，行动本身就是一种分裂。（345-346）

如果只通过行动来判决主体，如果由制裁明确的行动对主体而言在各种意义上都是决定性的，那么人永远都会以悲剧的形式分裂，他将永远在有过错的同时又是清白的。而他越是试图为自己实行的行为负责，这种冲突就越是不可调和。

10

柏拉图试图反对的，恰是以由制裁明确的行动为主要特征的悲剧。似乎很难否认，苏格拉底的名言“没有人出自意愿作恶”是在回应埃斯库罗斯笔下的普罗米修斯：

> ἑκὼν ἑκὼν ἥμαρτον [...]
>
> 我出自意愿、出自意愿做了错事［……］（266）

苏格拉底此言断然拒斥了悲剧冲突。事实上，在这样的视角下，我们可以将这类冲突定义为在剧作中构建出的 ἕκων（“出自意愿”）与 ἄκων（“不出自意愿”）、αἴτιος（“有过错”）与 ἀναίτιος（“没有过错”）之间的
61 法律对立。如果仅仅把柏拉图对悲剧的批评局限于政治教化的范畴，而忽略更为根本的伦理学内涵，就无法理解其真正用意。柏拉图最深刻的思想，在于坚定不移地试图在行动之外寻找伦理与政治的位置——这对一个古希腊人来说几乎是不可想象的。悲剧的基础在于英雄的行动，于是他必须用苏格拉底的反悲剧和悲剧针锋相对：苏格拉宁愿承受恶也不愿意作恶（《高尔吉亚》474b），反而坚持在言语（λόγοι）和知识而非行动中寻找人类的真理，尽管这一尝试至少在表面看来并未成功。也只有在这样的背景下，我们才能理解哲人王（filosofo-re）的范式，否则这就只是

一纸空谈。这一范式得以诞生，柏拉图在《第七书简》中写到，是当时他放弃了青年时“行公共与政治之事的欲望”（περὶ τὸ πράττειν τὰ κοινὰ καὶ πολιτικὰ ἐπιθυμία）（325b），而决定转向哲学，坚信“人这一族将无法摆脱各种恶，除非正确地和真诚地爱智慧的那类人获取政治权力”（326a）。

应该说，在西方伦理与政治思想传统中，有两个范式随着历史的推移相互交错，又总会不断地彼此分离。何为人的本质、伦理与政治的位置何在：第一个范式的答案是行动与实践，而第二个范式则认为是知识与思索 62
（contemplazione），也就是 θεωρία。前者是悲剧性的，并且至少在一定程度上主导了现代性[1]；后者则完全是反悲剧的，尽管有个别反例，但可以说是古代思想的主要特征。前者注视着“成为”（divenire），后者则紧盯着“是”（essere）。而如果效仿一个在哲学史上已属传统的架势，即追溯这两个范式的谱系（genealogia）并分别指派一个名号，可以说二者踏上的分别是亚里士多德和柏拉图的道路。

1　特别注意到，浮士德的“悲剧”恰恰赋予行动最优先的位置：am Anfang war der Tat。——原注（译按：引文意为：“一开始，有的是行动。”语出歌德《浮士德》[1237]。）

11

在《尼各马可伦理学》中，亚里士多德屡次批判苏格拉底（也就批判了柏拉图），反对“没有人出自意愿作恶”的观点（1113a16-20，1116b6，1144b20）。于是，亚里士多德声称有必要区分不义的事物（τò ἄδικον）和实行不义的行为（ἀδίκημα），或者说 crimen——这已经完全具有法律意味了。只有当一个行动已经实际地完成（ὅταν πραχθῇ），才可以将其作为罪行归责于某人（1135a11）。然而，也是因此，它的前提是行动者必须在 ἑκών 的情况
63 下完成，即处于“有意向而非无知”的状态，不可以是不出自意愿的，比如“一个人杀死了自己的父亲，却并不知道他是自己父亲”。很明显，这里用了俄狄浦斯王的典故。

亚里士多德意识到，为了保证行动可以被归责，ἑκών 一词过于宽泛。于是，他只能诉诸一个罕见词，προαίρεσις，并赋予它一个非常特殊的专门含义：“选择行为”。这可能是古希腊语历史上第一次出现这样的词义（Vernant，第 49 页）。他首先将这个词跟嗜欲（ἐπιθυμία）、

渴求（θυμός）[1] 和欲求（βούλησις）区分开来（1111b10）。它指的不是嗜欲和渴求，因为动物也有嗜欲和渴求，但只有人类可以选择；它也不是欲求，因为人可以欲求不可能之事，却无法选择它们。选择当然是不受制于外界因素的（ἑκούσιον），是实行出自意愿的行为，但关键在于，它还要经过事先的考虑（deliberazione），即 τὸ προβεβουλευμένον（1112a15）。[2] 只有经过 προαίρεσις 的行动才是属于行动者的：

> 如此一来，人就是行动的本原（ἀρχὴ τῶν πράξεων），而考虑 [3] 是对属于他的行动（περὶ τῶν αὑτῷ πρακτῶν）的考虑。（1112b32-33）

对亚里士多德来说，这里涉及的问题主要是将行动归 64
责于行动者的可能性，而 προαίρεσις 正是让人为自己的行为负责、将行动和行动者捆绑起来的装置。之后，亚里士

1 θυμός 一词更为人所知的含义有“生命气息”、“心气”、“气概”。这里采用的表示“渴望”的义项，例文有《伊利亚特》（4.263）：“[……] 每当那渴求之心催促时就饮用。”

2 προαίρεσις 一词的前缀 προ- 就暗示了“在先”。——原注

3 此处亚里士多德采取了政治用语 βουλή，该词也可以用来指长老会（Consiglio degli anziani）。——原注

多德又不具名地批评了苏格拉底的范式。相关段落也是这两点的佐证。仿佛因为他自己也意识到了这一装置的不足[1]，他对苏格拉底的批评只是外在的：如果接受苏格拉底的模式，那么“人应该为自己的罪行负责”这一原则就会失去效力。这无疑是不可接受的：

> 就算没有人是不出自意愿地幸福，恶行还是出自意愿的，否则就不能像之前一样说，人是行动的本原（ἀρχὴν）和“父亲”（γεννητὴν），而行动是人的孩子。

在父子关系的修辞论证之后，他立即进行了最后的补充，称立法者要“惩罚和打击犯下罪行的人”（1113b15-20）。

12

亚里士多德强调要把人视作其行为的“父亲”，这无
65 疑是因为对他来说，没有需要负责的行动，就不可能建立

1　确实，他没有解释为什么一个先前的决定会让对某一行为的实行更加属于有实际意图的行动者。——原注

伦理与政治。而就在讨论行动归责的段落最后，他却好像反常地退回到之前已经反复论证过的原则上，提出了疑问。他写道：

> 人们认为行不义（ἀδικεῖν）是取决于他们自己的（ἐφ' ἑαυτοῖς），因此让自己是正义的人（τὸ δίκαιον εἶναι）[1]也会是容易的。但实际上不是这样。与邻妇通奸、殴打路人、向人行贿是容易的，这些事取决于我们，但是以某种特定的方式（τὸ ὡδὶ ἔχοντας）做这些事情却不容易，也不取决于我们。类似地，人们还认为，要理解什么是正义、什么是不义，不需要是智慧的，因为不难理解法（νόμοι）都说了些什么，但法说的这些只是出于偶然（κατὰ συμβεβηκός）而算正义。如何正义地行动和依照法律做分配（πῶς πραττόμενα καὶ πῶς νεμόμενα δίκαια），这要比知道卫生健康上的事需要更多的工作。而关于卫生健

1　阿甘本夹注强调了此处形容词的名词化用法。不过需要注意，原文中此处的前后两句在文法上似乎是对应的，即 τὸ ἀδικεῖν / ἐφ' ἑαυτοῖς / εἶναι 对应 τὸ δίκαιον / ῥᾴδιον / εἶναι。按此理解，第二句的主语并非动词不定式 εἶναι，而是名词化的 τὸ δίκαιον，句意为“正义之事是容易的”（参考 Reeve，2014）。如此一来本句就无法直接用作下文阐述的文本证据。

> 康，了解蜂蜜、酒、喷嚏草、烧灼、开刀的作用容易，
> 但是要理解这些东西和技术如何、何时用到一个什么样
> 的人身上，才会使他恢复健康，就意味着是一个医生
> 了。因此，人们认为，正义的人也同样能够行不义，因
> 为正义的人并非不能，反而更有能力做这些不正义的
> 66 事，如通奸、打人，一个勇敢的人也更有能力丢弃武器
> 朝这个或者那个方向逃跑。但是，做这些事只是出于偶
> 然而算懦弱行事、行不正义，以某种方式做这些事才是
> 真的懦弱行事、行不正义。由此，行医和治病并不在于
> 开不开刀或用不用药，而是在于以某种方式做这些事。
> （1137a5-25）

说一个人正义或者不义地行事，跟说他“是”或“不是”正义的，这是两回事。伦理学的议题并不只有行动。这必然意味着除了行动之外，还要考虑依照某种方式去“是”。而如何定义行动与“是”这两者之间的关系，是西方伦理学尚未解决的问题。

13

毫不令人意外的是，亚里士多德恰恰是在其讨论悲剧的著作里强调了行动对于伦理学的首要地位。在《诗学》中，列举完悲剧六要素之后，他补充说，其中最重要的是所行之事的组合，因为：

> 悲剧模仿的不是人，而是行动和生活。幸福（εὐδαιμονία）与不幸在于行动（ἐν πράξει）。生活的目的是某种行动，而不是品质。人根据品性（κατὰ μὲν τὰ ἤθη）决定品质，但他们的幸福与否却取决于他们的行动（κατὰ 67
> δὲ τὰς πράξεις）。所以，人行动并不为了模仿品性，而是通过行动践行出品性。（1450a15）

如此，在伦理领域中，也就是对幸福的追求中，行动的中心地位得到了最有力的确认。在悲剧舞台上，角色并不是因为他们有某种品性才做某些行动。[1] 恰恰相反，行动者通过行动践行品性。因此，人是否幸福，并不取决于

1　安提戈涅违抗克瑞翁（Creon），并不是因为她是个好事之徒。——原注

他有没有好的品性，而是看他是否能正义地行动。

但是，品性（ἦθος）[1]在伦理学上的必要性也没有因此就被完全去除。稍后，亚里士多德将品性与选择（προαίρεσις）联系在一起，而在《尼各马可伦理学》中，亚里士多德正是通过后者来定义责任行动的。他写道：“品性即彰显选择（δηλοῖ τὴν προαίρεσιν）的东西。”（1450b7）而此前他写到，品性和思维（διάνοια）是“行动的因”（αἴτια τῶν πράξεων），这至少表面上看起来是自相矛盾
68 的。如果承认行动的优先性，同样还是要诉诸品性，作为行动不可避免的补充，这也是前引《尼各马可伦理学》（1137a5-25）返回讨论的问题。品性是行动伦理学在主体身上投下的谜样阴影。

14

相反，有一个由品性而非行动主导的领域，那就是喜

1 根据亚里士多德，“伦理学”（etica）之名就是从这个词发展而来。——原注

剧。亚里士多德的《诗学》并未完成，有关喜剧的构想仅留下只言片语。不过我们依然能够知道，他认为在喜剧中，角色的人物塑造（caratterizzazione）占据绝对的首要地位。亚里士多德认为行动在悲剧占优先地位，而如果将相关的讨论反向应用到喜剧上，那么可以说，戏剧中的角色行动恰恰是为了模仿品性，由此无法承担其行动，因为他们的行动在伦理上是不可归责的。[1]

如此一来，在喜剧定义下的人类生活中，幸福并不取决于行动，一切受苦也就不复存在。[2]这就意味着，正如本雅明在其《命运与品性》（*Schicksal und Charakter*）中提出的，我们可以设想一种喜剧伦理，让主体从由制裁明确的行动中抽身，而“人类天然清白的景象”亦能取代“有过错之人的无尽纠葛”（1919/1980，第 176 页）。如果根据一种似乎无可争议的观点，亚里士多德在《诗学》详细地分析悲剧，是为了反击柏拉图对悲剧诗歌的谴责，那么 69

1 也是因此，亚里士多德才可以声称，和悲剧不同，过错——ἁμαρτία——并非喜剧的主题。由于喜剧的要素是滑稽，ἁμαρτία 仅仅是 ἁμάρτημα，这个词指的是轻微、无意的过错。见《尼各马可伦理学》(1135b18)。——原注

2 喜剧角色的 ἁμάρτημα “是不会造成痛苦或带来死亡的”(ἀνώδυνον καὶ οὐ φθαρτικόν)，见《诗学》(1449a34-35)。——原注

或许可以说，亚里士多德突然在讨论喜剧之前中断其著作，他摆出这一关键架势，同样也具有反对柏拉图的意图。而我们也确实知道，柏拉图对索弗戎（Sophrone）的拟剧有特别的兴趣[1]。根据第欧根尼·拉尔修的说法，他恰是参考这些拟剧来表现人物的品性的。从亚里士多德视角来说，不以行动作为根本要素的伦理学只可能是一种喜剧伦理。

15

亚里士多德认为，任何行动在根本上都暗含 ὡδί，这种特定的“是”与举止的方式是不可被还原的。在喜剧中，ὡδί 得到了全然的体现；而康德试图用“智性品性”
70 （carattere intellegibile）学说来保证的，也正是这一点。设想有一个说谎者。如果从品性的角度来评判他的行动，应该说他是不自由的，因为从出生的一刻开始，他的行为就不可避免地由一系列环境因素决定[2]。而如果考虑到这

1 亚里士多德本人也认为苏格拉底对话录与之相近，见《诗学》（1147b10）。——原注

2 因为接受了不良教育、为了避免更糟糕的恶、为了取悦某人，等等。——原注。

些因素，我们依然抨击说谎者，这就意味着在经验品性（carattere empirico）之下，必然存在一个保证行动之自由的智性品性，就好像物自体（cosa in sé）保证了现象界（fenomeno）的实在性。叔本华就完全察觉到，这里的问题是要给人类行动不可把握与不稳定的性质提供本体论基础。人并不为自己的所作所为负责，而是为自己的所是负责，因为前者总是可以得到辩护，套上正义的说辞。问题不仅仅在于他愿意说出种种谎言，而是他愿意“是”一个说谎者。叔本华在《道德的基础》（*Ueber das Fundament der Moral*）中写道：

> 自由在于智性品性，而非经验品性。每个人的所为（operari）必然在外在由动机决定、在内在由他的品性决定［……］在他的所是（esse）中，我们发现自由。他本可以成为不同的某种人，他的过错或者功劳都系于他所是为何［……］通过康德的（智性品性）学说，我们避免了把必然与所是，以及自由与所为联系起来的根本错误，并意识到要将两组术语相反对应起来才是正确 71
> 的。（2.8）

然而，即使将自由的原则转移至人之所是，也仍然无法克服行动的难题。相反，问题只会更加困难。恰恰是因为我们要不惜一切代价保证行动的自由和责任，才最终将行动推向了无法逃离的命运。人之所是和智性品性不过是行动投射在主体上的影子，是行动的某种隐晦预设。

于是叔本华只能在《论人类意愿的自由》（*Ueber die Freiheit des menschlichen Willens*）的最后坦白，自由对他来说也是一个谜团：

> 因此，自由并没有因为我的论述而被扬弃，而只是被转移出来，即从个体行动的领域转移了出来，因为显然在这个领域里不可能有自由。我把它提到一个更高的，但对我们的认识来说不是那么容易达到的领域，即先验（trascendentale）。我正是在这个意义上来理解马勒伯朗士（Nicolas Malebranche）的名言："自由是一个谜（La liberté est un mystère）。"

由此，在喜剧角色和悲剧英雄之间，以及在人之所是和人之所为之间、行动和智性品性之间，必须打开第三项（tertium）空间，脱离一切神秘，将谜（mysterium）还予其原本的戏剧志业。[1]

事实上，当代法国思想用事件（evento）替代行动也 72
是不足够的。比如阿兰·巴迪欧，他认为作为伦理学与政治学基础的一对范畴并非“是”与行动，而是“是”与事件。然而，仔细分析这个新概念就能发现，它不过是行动的另一个名字。确切来说，“事件”指的是行动的结果，是作为目的自身（fine in sé）的实践之作品（ἔργον）。而又因为行动决定了为其担责的行动者伦理状态的基础，同样，在巴迪欧那里，事件就决定了忠于事件的人的伦理地位。也就是说，“是 / 事件”的二分与“是 / 行动”的二分严格对应，而我们已经说明了后者的困难与矛盾之处。如此，西方世界的伦理—政治学机器及其包含的主体分裂，依旧能以这个模式运作。

1　mysterium 亦指诞生于 15 世纪的一种戏剧体裁，通常取材自《圣经》，语言通俗，以便向大众传播基督教神学所谓的“信仰之谜”（mysterium fidei）。

- 第 三 章 -

意愿的困局

1

基督教神学史上最激动人心又充满矛盾的论题之一，就是如何在意愿中为人类行为的自由与归责找到扎实的基础。意愿的概念并不是神学家的发明创造，而是由早期教父（Padri）从衰落的古希腊哲学传统中提取出来的。更确切地说，在基督纪元的最初几个世纪，古希腊哲学已经融化在了赫尔墨斯主义与灵知派沉思、犹太神学理论与斯多亚及新柏拉图主义哲学的大熔炉中，而早期教父正是从中提炼出了意愿概念的大致框架。恩斯特·本茨[1]已经

1 恩斯特·本茨(Ernst Benz，1907—1978)，德国神学家、历史学家，马尔堡大学(Universität Marburg)教授。

说明在什么意义上瓦伦提努斯（Valentinus）的灵知理论是对意愿概念最早的神学讨论，尤其是他的思想在意大利半岛的发展——赫拉克勒昂（Heracleon）和托勒密[1]是这一学派的主要继承者。对他们来说，意愿（ἐνθύμησις, θέλησις）是尚未启示的神性“深渊”（Βυθός）中出现的第一个基质（ipostasi）。而正是通过一个基于意愿的行为，
74 “不可见且不可知”的神才得以启示，也由此生成独一的受生的的圣子（Figlio Unigenito），随后“通过独子，父才得以被认识”（Clemens，第 68 页；参考 Benz，1932，第 320-324 页）。

很显然，上述种种灵知派的神话原素（mitologema）预示了对日后的三位一体神学来说相当重要的意愿理论。在三位一体神学中，圣子不仅仅是圣言（Verbo），还是圣父的意愿。但是，这里我们感兴趣的并不是三位一体经世（economia）体系中意愿概念的确切含义，而是基督教伦理运用这一概念的策略：将意愿用作一种装置，其目的是让人类能够做的事变得可以控制，也由此变得

1　托勒密（Ptolemaeus），灵知派思想家，瓦伦提努斯的学生，活跃于公元 2 世纪。

可以归责——这就意味着将古代世界中以能够（potere）做事为根本的人转变为愿意（volere）做事的基督教主体。换句话说，就是将人类的行事从“能力”（δύναμις）的层面转移到了意愿的领域。

2

主要是在技艺与知识的领域，通过能力（δύναμις）和实行（ἐνέργεια）这组概念理解人类行动，是亚里士多德哲学天才最突出的创举。这打开了相当宽广的本体论视 75
野，以至于读者经常会忘记，这个概念的实用（pragmatico）目标之一是保证“行动与知识属于主体”这一层亲缘关系——如果这不是它最主要的目标的话。

麦加拉学派[1]认为，与实行相区别的能力概念是冗余的，因为事物“只有在实行时，才是有能力的”（ὅταν

1　麦加拉学派（Scuola megarica）：活跃于公元前 4 世纪的哲学学派，创始人麦加拉的欧几里得（前 435—前 365）是苏格拉底的学生。除了伦理学之外，麦加拉学派亦对逻辑学有重要贡献。

ἐνεργῇ μόνον δύνασθαι）。针对这种主张，亚里士多德在《形而上学》中反复申明，如果真是如此，那么人就不可能“拥有某种技艺”，即不能说一个建筑师在不建造时也能建造，或者吹笛人不在吹奏时也能吹笛（1046b30-1047a5）。而这意味着，人要是行动的主人，就必须能够做一件事，也能够不做这件事。亚里士多德的这个发现就是我们讨论的重点。他的这条定理再怎么强调都不为过：如果把能够不做某件事的能力（potenza）称为“无能”（impotenza），那么“每一种能力都是针对同一事物、在同一方面的无能”（τοῦ αὐτοῦ καὶ κατὰ τὸ αὐτὸ πᾶσα δύναμις ἀδυναμία）（1046a30-31）[1]。如果只有“总是已经”（sempre già）过渡到实行的才是能力，如果吹笛人只能永远吹笛、窃贼只能永远偷窃，那么功劳和过错的归属将不再可能，而
76 ἕκων/ἄκων（“出自 / 不出自意愿”）这组法律与道德的基本反题也会失去全部意义。这就是为什么亚里士多德区

1 这句引文对阿甘本的思想至关重要，但需要指出的是，他所依赖的底本与较新的校勘成果是有出入的：表示“无能”的单词 ἀδυναμία 或许应为与格（ἀδυναμίᾳ）。若按照与格处理，本句可译作：“针对同一事物、在同一方面，每一种能力都有一种相应的无能。”关于阿甘本的解读，可以参考海德格尔 1931 年论《形而上学》第九章的讲座。（Seminara，2017，第 156-157 页；参考 Berti）

分了自然或非言语能力和借助言语的能力[1]：前者是说火焰只能燃烧的能力；后者是涉及人类技艺的能力，这种能力总是具有两面性，即能够做一件事和不做这件事。

试图将人变为行动的主人，保证他与他的实行和知识之间的亲缘关系，就会导致其行动的本领出现断裂，从根本上分裂为能力与无能、能够做某事与能够不做。

3

可以想见，恰恰是在亚里士多德能力理论的语境中，我们看到古希腊思想史上首次出现了与现代意义上的意愿近似的概念。如果言语或理性能力总是关于相反之事的能力，如果其本质就是能够做与能够不做，那么能力要如何

1　借助言语的能力（potenza logica）：借助言语、论说、思考而发挥的能力，古希腊语原文是 μετὰ λόγου。此处意大利语 logico 意为“合乎道理”，但译文偏向于按“言语”来理解 λόγος（参考 Berti）。对此，亚里士多德解释道：“所有的技艺（τέχναι）和生产知识（ποιητικαὶ ἐπιστῆμαι）都是能力［……］所有借助言语的能力自身都是相反事物的能力，而非言语能力只是其中一个的能力，比如热仅仅是加热的能力，但医术是疾病和健康的能力。这是因为知识是言语（λόγος ἐστὶν ἡ ἐμιστήμη），而同样的言语能揭示事物及其缺失。”（1046b1-10）

过渡到实行呢？这里的理论风险在于，能力似乎会同时实现两件自相矛盾的事，比如一个医生同时治愈与不治愈，吹笛人同时吹笛与不吹笛。在亚里士多德针对这个难题的回应里，我们能瞥见神学家发展出人类行动的自由与责任理论的出发点，或者说逻辑位置：

> 77 如果非言语能力只能产生一个事物，而借助言语的能力可以产生相反事物，那么后者会一起产生相反的两个事物，而这是不可能的。因此必须有另外的主导（τὸ κύριον）[1]，我想说这就是欲望（ὄρεξιν）或选择（προαίρεσιν）。在相反的二者中，行动者以主导的方式欲求的（ὀρέγηται κυρίως），他就会去做［……］因此，依照言语而有能力的人（τὸ δυνατὸν κατὰ λόγον）[2]，当欲求有能力做的事并以其有能力做这件事的方式欲求这件事时，他就会做这件事。（1048a8-15）

在《论灵魂》一书中，亚里士多德也写过跟“当欲求时”

1　这个词也指主人，在政治中则用来指至高权威。——原注（译按：作者亦选取了 sovrano 这个可以表示“主权”的词来翻译）

2　此处亚里士多德的用语是“依照言语”（κατὰ λόγον），不同于前文的“借助言语”（μετὰ λόγου），但表达的是同一个意思。

（ὅταν ὀρέγηται）类似的表达，一直都是后世中世纪神学家注疏的对象：想法“在愿意时”（ὁπόταν βούλεται）过渡到实行（417b24）。

亚里士多德设想的不会是现代意义上的自由意愿概念，毕竟他没有能用来表达这个概念的词。然而，重要的是，为了调和他自己给能力概念带来的分裂，就不得不引入一个“主权原则”，以求在做与不做之间、能力与无能（即不做的能力）之间作决定。

4

这两段文本都再一次折射出反柏拉图主义的动机，也因此尤为重要。柏拉图的《小希匹亚》（*Hippias minor*） 78
直到不久之前都被归为比较轻佻的那一类对话录，严肃的哲学成分相对较少。然而，它其实讨论了如果将意愿视为人类行动的决定性标准，会导致怎样的困局。如果让能力从属于意愿，宣称“总在愿意的时候（ὅταν βούλῃ）做愿意做的事的人，是有能力的（δυνατὸς）”（366c），即如果把“愿意”和“不愿意”分别当作行好事和行恶事的标准，那么就会得出一个不太令人满意的结论：我们必须承认有意射偏的弓箭手（375a-b）、有意跑调的歌手、有意瘸着走路的人比并非出于意愿而做出这些事的人要好（374c）。其最终推论是绝对不能接受的：“有意行恶事和犯下过错（ἐξαμαρτάνῃ）的人，要比并非出自意愿而这么做的人更好。”（375d）

有可能，之所以亚里士多德将意愿视作能力的主导或主权（sovranità），并称想法“在愿意时”过渡到实行，正是在针对《小希匹亚》的这一矛盾结论。尤其是考虑到在《形而上学》中，他明确引用了这篇对话录，以批评苏
79 格拉底的论证并不成立。苏格拉底试图通过归谬法反驳智术师的论题（《小希匹亚》366b）“说谎者如果愿意（ἐὰν βούλωνται），就能够说假话”，称这将导致“有意错的人是更好的”，“有意瘸着走路的人比无意中瘸着走路的人要好”（《形而上学》1025a10）。亚里士多德认为苏格拉底的这一论证是无效的，因为有意瘸着腿走路的人并不是真正瘸腿，而只是在模仿瘸子（1025a11）。然而这个反驳不具说服力，因为柏拉图显然并不认为“有意

瘸腿”是可能的，而只是意在说明，如果认为意愿主导人类行动，将带来不可接受的后果。换句话说，他指出的问题恰在于 ὅταν βούλῃ，即“行动依赖于实行意愿”这一观念。

5

术语“自由抉择”（liberum arbitrium）一开始被基督教写作者用来翻译 αὐτεξούσιον 和 τὸ ἐφ' ἡμῖν[1] 这两个古希腊语表达，而后两者在新柏拉图主义论著和亚里士多德的注疏文本里，指的是决定自己的行动的本领。现代文本经常用 libertà 一词来翻译这个术语，但这是错译，因为这个术语本不属于政治自由的语境[2]，而是我们已经很熟悉的法律和道德语境，即行动的归责问题。毕竟，这个词就 80
起源于法律领域：arbitrium 指的是 arbiter——即诉讼中的

1　字面意思分别是“对自己有权能的”和“取决于我们的”。——原注

2　政治自由在古希腊语里叫 ἐλευθερία。——原注（译按：这个词的形容词［ἐλεύθερος］典型的用法是形容自由民，与奴隶相对。）

法官——的决定或者判决权能。费斯图斯有言：

> Arbiter dicitur iudex, quod totius rei habaet arbitrium et facultatem.
>
> arbiter 亦称“法官”，对所有事物有抉择和权能。

由此才延伸出“主体的决定权能”这一含义[1]。实际上，从公元3世纪开始，早期教父和护教士（apologeti）就在一个特别微妙的领域里用这个专门术语来指代意愿对行动的主导：讨论恶的起源和罪过的责任。这个用法首次出现，是在拉克坦提乌斯[2]的《神圣建制》（*Divinae institutiones*）里。值得注意的是，他用这个词描绘恶魔：

> suo arbitrio, quod illi a Deo liberum fuerat datum [...]
>
> 依照它（恶魔）的抉择（arbitrio），这神给予它的自由的（liberum）抉择［……］（2.9.49）

此外还见于德尔图良（Tertullianus）和哲罗姆（Hieronymus）的文本，比如后者的《驳佩拉吉乌斯派》（*Adver-*

1　盖尤斯在《学说汇纂》里就是在这个意义上使用该词的。——原注。

2　拉克坦提乌斯（Lactantius），活跃于公元 3 至 4 世纪的基督教作家。

sus Pelagianos）：

> [...] αὐτεξούσιον, nos liberum appellamus arbitrium.
>
> [……]我们把 αὐτεξούσιον 称为“自由抉择”(liberum arbitrium)。(3.7)

古典时代晚期（tarda antichità）的文化同样也探讨这些顽固的问题核心。总体来说，哲学家会将人类行动的自主性（autonomia）与命运（fato）关联起来。从这个角度来看，可以把亚里士多德思想最杰出的注释者阿弗罗戴西亚斯的亚历山大(Alexander Aphrodisiensis)所著《论命运》（*De fato*）一书视作典型。斯多亚学派似乎赋予了命运更具决定性的地位，而亚历山大则试图反驳这种观念，以“保有取决于我们的事物”(τὸ ἐφ' ἡμῖν σῴζεσθαι)(14)。和“老师”亚里士多德一样，他的关键论据是存在惩罚恶意行动 81
的法：

> 如果因为这样的命运（εἱμαρμένην）[1]，就抹除由法

1　关于斯多亚哲学对 εἱμαρμένη 的理解，第欧根尼 · 拉尔修曾介绍(7.149)：“命运(εἱμαρμένη)即一切的‘一系列关联在一起的’(εἰρομένη)因(αἰτία)”。参考第二章第 3 节至第 5 节。

> 而来的用处，那么同样也要抹除法。因为，如果因命运而去除遵守法的能力，那么法又有什么用？［……］如果法命令应该做的行动和不应该做的行动，而行动可以遵守法的命令，那么命运和法就是相对立的。实际上，法惩罚不遵守法的有过错之人，尊崇遵守法的正义之人。（36）

尽管教父运用自由抉择概念的策略明显与哲学家有不少相似之处，但从根本上来说却是完全不同的。事实上，对于亚历山大来说，问题仍然是亚里士多德关于人类能力两义性的讨论，而 ἐφ' ἡμῖν 本质上就是“能做相反之事”（δύνασθαι τὰ ἀντικείμενα 或者说 δύνασθαι αἱρεῖσθαι τὸ ἀντικείμενον）（12）；相反，对基督教神学家来说，关键则在于在意愿中确定人类行动的归责原则，为此需要首先把能力的问题转变为意愿的问题。奥古斯丁就在《论自由抉择》中说道：

> [...] de libera voluntate quaestio est [...]
>
> ［……］这是关于自由意愿的问题［……］（2.19.51）

6

有必要反思情态动词（verbi modali）的性质及其在西方哲学中发挥的功能。古代语法学家已经注意到，这些动词——“我能够”（posso）、“我有意愿”（voglio）、“我应该”（devo）——的特殊之处在于其本身并没有含义[1]，必须加上一个动词不定式才能获得含义，例如“我能够走路”（posso camminare），“我有意愿进食”（voglio mangiare）。有趣的是，恰恰是这些“空”动词吸引了哲学家的注意。在哲学史上，根据不同的主张，总有某个情态动词被赋予了更特殊的地位。这就意味着，如果作为第一哲学的本体论关注的是“是”的问题，而人们又总是根据“情态”或模态（modalità）来思考“是”，那么“是”就总是已经被分割、确定（articolato）为“可能性（possibilità）、偶发性（contingenza）、必然性（necessità）”，“是”也就总是已经被标记为“是能够……的”、“是有愿意……的”和“是有义务……的”。 82

1　它们都是“空的”（κενά），“它们缺少东西”（ἐλλειποντα τῷ πράγματι）（Idelfonse，1997，第 364 页）。——原注。

我想在这里提出的猜想是：古代世界过渡到现代性的过程对应着从能力过渡到意愿的过程，是从情态动词“我能够”的主导过渡到“我有意愿”（直到再后来的“我应该”）的过程。古代的人是“能够”的人，在能力的维度构建其思想和行动；而基督教的人则是“愿意”的人。

7

哲学史上，以“论自由抉择”（de libero arbitrio）为题的著述卷帙浩繁。然而，为了研究能力如何在基督教神
83 学中过渡到意愿——或者说，基督教神学如何艰难地将意愿的概念移植到能力上，查阅这些著作可能帮助有限。这一传统可以追溯到奥古斯丁 4 世纪末期的研究，并至少一直延续到六个世纪之后的安瑟伦，他将精准地模仿前人的姿态。这些作者希望回答的，是奥古斯丁的对话录中恩伏迪乌斯（Evodius）提出的问题：

> [...] quare dederit Deus homini liberum voluntatis

arbitrium: quod utique si non accepisset, peccare non posset.

[……] 为什么神要将意愿的自由抉择给予人：如果人根本不拥有它，就不会犯下罪过。(2.1.1)

而如果说这些尝试最终都陷入了无法克服的矛盾，这首先是因为他们都试图通过意愿来消除能力概念本质上的两义性；而另一方面，自由抉择又不可能不从这种两义性中提取出其核心内容。因此，不论是奥古斯丁还是安瑟伦，其出发点都是否认享有自由抉择意味着能够犯下罪过和不犯罪过[1]，却又在这之后认为罪过的责任在于自由抉择，于是造成自相矛盾，不可谓不草率：

如果自由意愿被给予，不仅是为了正直地生活，还 84
是为了犯下罪过，那么就会有不正义了。毕竟，就是为了他使用意愿做的事，他才被给予了意愿，那他又怎么会因此受到正义的惩罚呢？当上帝惩罚犯下罪过的人的时候，他难道不会说："为什么你没有把自由意愿用在

1　对奥古斯丁来说，意愿的自由在于以正直的方式行事，而非犯下罪过，见《论自由抉择》(2.1.3)；安瑟伦则在《论抉择的自由》(*De libertate arbitrii*)中称：liberum arbitrium non puto esse potentiam peccandi et non peccandi，"自由抉择不能是犯下罪过和不犯罪过的能力"(218)。——原注

那件事上？我是为了那件事才把它给予你的，就是正直地做事。”（2.1.3）

考虑到意愿在这里仅仅相对好的或者坏的行动、正义或者不义来确定，很明显，它就是一个保证人类行动责任归属的无情装置，并且可以说，其自身就是以命令和法的形式构成的。而所有其他我们常常会与之相联系的意念过程，包括欲望、倾向、热情、品位、任性……都没有涉入其中。另一方面，为了避免上述的明显矛盾，我们反复看到两位作者给出同样一个答案，也是所有意愿理论最终出路的雏形，即称意愿的本质是意愿的意愿，也就是说，在意愿的一切实行中，它首先对自身有意愿。奥古斯丁一度反问道：

> Quid enim tam in voluntate quam ipsa voluntas sita est?
>
> 什么像意愿本身这样完全在意愿之中呢？（1.12.26）

在后文中，他又基于我们为自由意愿本身而使用自由意愿的事实，建立了罪过的责任：

> [...] etiam ipsa libera voluntate per eam ipsam uti nos

posse; ut quodammodo se ipsa utatur voluntas [...].

[……] 我们也可以通过自由意愿来使用它本身。意愿以某种方式使用它自身 [……]。（2.19.51） 85

而安瑟伦则以惯常的浮夸表达称：

Omne volens ipsum suum velle vult.

每一个有意愿的人所有意的是他自身的意愿（222）。

只有当意愿对其自身有意愿、当其命令首先指向自身时，由意愿产生的行动才能真正归责到意愿上。现代伦理经常直接继承基督教的意愿概念，却不做任何“财产清单照顾”[1]，其本质在于断然地绝对化了“我有意愿”这一情态动词。而我们看到，这个词又与所有可能的内容和意义分离，被赋予了“空”的用法：“我愿意有意愿（voglio volere）。”

1　财产清单照顾（beneficio di inventario）：罗马法概念，拉丁语中称为 beneficium inventarii，即现在所谓的“限定继承”，指的是继承法规定的一种权益（beneficio）。由于继承人在继承财产的同时还会继承被继承人的债务关系，继承人可以要求将被继承人的财产和本人的财产分开罗列清单（inventario）。如此一来，继承人仅需在继承清单范围内承担清偿债务的责任，而不会影响到本人的财产。作者想通过这个比喻说明，现代伦理继承了基督教的意愿学说，在利用这个概念的同时，却需要“倒贴”自身的理论资源“偿还”这个概念遗留下来的深层矛盾。

8

对于早期教父来说，关键问题在于保证意愿是能力主导或主权，这一点清楚地体现在了奥古斯丁对佩拉吉乌斯（Pelagius）的细致批评里。佩拉吉乌斯是早期教会中最公正坦率的教父之一，奥古斯丁在《论本性与恩典》（*De natura et gratia*）中评价他“燃烧着最炽热的激情”（zelo ardentissimo accensum）（1.1），又拥有“无比犀利、令人称道的智识”（fortissimum et celeberrimum ingenium）（6.6）。无疑，对奥古斯丁来说，最重要的是指出人类天性在堕落（caduta）之后只有通过恩典（grazia）的干预才能避免犯下罪过。如此，他似乎不得不沉痛地接受罪
86 过的必然性，因为这来源于“波及全体人类的判罚”（ea damnatione, quae per universam massam currit）（8.9）。然而，如果不意识到奥古斯丁如何拒绝像佩拉吉乌斯一样为能力赋予首要地位，就无法理解他提出的命题的绝对程度。事实上，在佩拉吉乌斯看来，不犯下罪过的可能性或能力以“不可分割”且“无法承认”的方式内在于人类天性之中，这是任何意愿上的虚弱都无法消除的（51.59）。也就是说，

他认为，人类可以正直行事，这完全基于能力而非意愿或自由抉择。如此一来，能力相对于意愿就有了自主性。奥古斯丁绝不可能接受这种观念。他于是论述说，如果人拥有不犯罪过的能力，那为什么保罗还会在《罗马书》中写"愿意（θέλειν）由得我，只是将善实行出来（κατεργάζεσθαι）由不得我"（7.18）？罪过与正义取决于意愿[1]，而不出自意愿的人类行动则不是人类行动，不论好坏。就算在伊甸园中，在堕落之前，亚当也是通过实行意愿来移动他的肢体——尤其是性器官。而如果意愿未曾犯下罪过，那么就会变成《上帝之城》中描绘的：

> 那么，男人为了繁衍后代播下种子，女人将其接受到生殖器官里，这只有在需要的时候才发生，并且是由意愿驱动，而非由性冲动（libido）[2]激荡。（14.24.1）

1　以善为目的，意愿又得到恩典的补足。——原注

2　libido 一词本由弗洛伊德从拉丁语中借用而来，一译"力比多"。作者在翻译这段拉丁语文本时，保留了 libido 的拼写。译文约略译作"性冲动"。

87

9

基督教神学运用三重策略以保证意愿之于能力的优先位置：首先，是将能力与有能力做的事分离，即把能力和实行分开；其次，又否认能力基于本性，将能力从其本性的必然性中抽取出来，转而与偶发性和自由抉择关联；最后，则是限制能力的无条件（incondizionato）与“全能”（totipotente）特征，以便通过实行意愿加以统治。

在与佩拉吉乌斯的论争中，奥古斯丁引述了《罗马书》的段落。保罗描述自己焦虑不安，因为他感觉自己的内在出现了能力与其实现之间的分裂，也是他认为自己能够、愿意做的事，与这件事的实际实行，这二者之间的分裂。奥古斯丁将保罗的描述视作自己的个人神话，并以此为范式，体会、解读自己内心最深处的撕裂经验。甚至可以说，奥古斯丁之所以能够完成他的意愿理论，也是他最具决定性的神学工作，是因为他以保罗为模范，切身体验到了能力的分裂。

回到先前引用过的书信段落。保罗在对法的激情批判
88 中，称本应该给他带来生命的诫命，却生发出了死亡。随

后，他又描述了这个想法在心中产生困惑与冲突：

> 因为我所实行出来（κατεργάζομαι）的，我自己不明白。我所愿意（θέλω）的，我并不做；我所恨恶的，我反而去做。如果我所做的是我所不愿意的，我得承认法是善的。事实上，这不是我做的，而是住在我里面的罪过做的。［……］因为意愿由得我（τὸ γὰρ θέλειν παράκειταί μοι），只是将善实行出来（κατεργάζεσθαι）由不得我。我所愿意的善，我不去做；我所不愿意的恶，我反而去做。如果我去做我不愿意做的，就不是我做的，而是住在我里面的罪过做的。（7.15-20）

之前说过，我们翻译成“我有意愿”的动词 θέλω，严格来说指的是“我准备好、可以做某件事”。比起意愿和决定，这个词表达的更是本领和能力。借由奥古斯丁后来引用的那句话，“意愿由得我，只是将善实行出来由不得我”，保罗真正想说的，其实是他没能将本以为能够做到的事实行出来。用亚里士多德的话来说，就是能力（δύναμις）与实行（ἐνέργεια）[1] 被分开了。而正是以能力

1　动词 κατεργάζεσθαι 和 ἐνέργεια 一样，也是 ἔργον 的派生词。——原注

的分裂为起点，表达“愿意”的词汇和意愿概念本身才
89 得到了发展。至少，这就是奥古斯丁在《忏悔录》记述的一处关键时刻所做的：他以保罗书信为范本，描绘了自己在信仰转变之前体验到的“内在斗争”与“强烈的踌躇之感”。

在与阿利比乌斯（Alypius）在花园中攀谈的著名场景中，奥古斯丁描述了自己的不安，和作出的一系列焦躁的姿势：“搔头、敲额、抱膝”，把保罗所谓“我所愿意的，我并不做”解释为能力与意愿之间的冲突。他自我剖析道：

> 要是肢体的行动并没有遵从，我就是能够愿意做却没有做（potui autem velle et non facere）。就这样，我做了很多所愿与所能不一致的事情；而我不曾做有着极其强烈的欲望去做的事，也就是但凡我愿意过，就能够去做的事，因为愿意即刻就是愿意（mox, ut vellem, possem, quia mox, ut vellem, utique vellem）。在这种情况下，实际上，能力与意愿是一致的，愿意本身就是去做。（8.2.20）

在接下来的段落中，奥古斯丁解释能力之所以会与他所能做的事分离，是出于疾病（aegritudo）和意愿的缺陷，导致意愿自身分裂开来：

> 哪里来的这种怪事（unde hoc monstrum）？原因何在？灵魂命令身体，身体立即服从；灵魂命令自己，
> 却被抗拒。灵魂命令手移动，手便如此轻易地动了，以 90
> 至于很难将命令从服从中区分开来；然而灵魂就是灵魂，手却是属于身体的。灵魂命令灵魂去愿意（Imperat animus, ut velit animus），而灵魂虽然不是其他，但却不去做。哪里来的这种怪事？原因何在？下命令去愿意的，如果不愿意，便不会命令，却又不做它自己所命令的。其实灵魂并不完全愿意，所以也不在完全地命令。实际上，它只是在它愿意的程度上命令，又在不愿意的程度上不去做，因为意愿所命令的，不是其他，而是它自己。由于它并没有完全地命令，所以它并不是下令者。而如果命令是完全的，那么就根本不会去命令，因为它已经就是了。因此，古怪之处（monstrum）不在于一方面愿意，一方面又不愿意，而在于灵魂的疾病（aegritudo

> animi），尽管灵魂有意愿的支持，却由于被积习重重压着不能昂然起立。因此就有两个意愿，每一个都不完整：其中一个有的，不在另一个里。（8.9.21）

之后他又援引《罗马书》的段落，来解释这里的冲突即是由罪过造成的意愿的分裂：

> 我既不是完全愿意，也不是完全不愿意（nec plene volebam, nec plene nolebam）。如此，我和自己斗争了，也和自己分裂了，那分裂也有违于我，然而这并不意味
> 91 着存在着另外的心灵，仅仅意味着对我的心灵的刑罚而已。因此，并不是我造成这一切的，而是“住在我里面的罪过”。（8.10.22）

由此，我们可以全面衡量何种转变定义了基督教主体及其行动经验。古希腊人——从某种意义上说，还包括保罗——认识中的能力的内在分裂，或者说能力与实行的分离，在基督教思想中仅仅通过意愿和命令的概念来处理。如果说基督教主体是分裂的，则需要明确这种分裂的本质和模式：和现代的理解不同，它涉及的不是意识（coscienza），而是行动，即人能够或者应该做却没

能做到的事。问题是：如何回应我所不能做的事？由此才引入意愿的概念，通过制裁确立并应对了能力的危机，将无可指责的“我不能”转变为负有罪过的“我不愿”。

10

讨论意愿如何介入、转变并主导能力的第二个语境，就是基督教观念中神的创世。这里的理论策略是将能力去本性化（denaturalizzazione），也就是说把能力和行动从本性的必然性（necessità naturale）中抽离出来，返回给“任由”（arbitrarietà）[1]与“无故”（gratuità）。

事实上，基督教的创世理论范式与古希腊哲学的差异 92
不在于神的创世行动本身[2]，而在于神的本性和意愿之间

1　arbitrarietà 是“自由抉择”（liberum arbitrium）中“抉择”（arbitrium）一词的派生名词，指的是某事物任由某人抉择、决断，因此具有“任意性”。但是在阿甘本的哲学语境中，“任意”可以完美地翻译拉丁语 quodlibet 一词，所以这里为了避免混淆，采取了带引号的“任由”这样的译法（参考 Agamben，1990，第 3-4 页）。

2　柏拉图在《蒂迈欧》中细致地构想、描述了工匠神（demiurgo）创造有序宇宙的工作。——原注

的分离。古希腊人非常容易理解，创世是以必然的方式从神之本质或其本性中发生而来的。相反，对基督教神学家来说，创世是神自由、无故地实行意愿。创世如此相异于神之所是，以至于相比之下，甚至可以说造物在某种意义上并不存在。俄利根在《〈撒母耳记〉讲道集》中就此写道：

> “无论是天上的、地上的、能看见的、不能看见的”[1]，当与神的本性联系起来时，都什么都不是；然而，当与造物主的意愿联系起来时，他们就都是祂愿意它们所是的。（1.11）

托名游斯丁则在《向希腊人提出的基督教问题》（*Quaestiones christianorum ad Graecos*）中称：

> 应该区分神之所是和祂的意愿。假如神之所是和意愿是同一个东西，而神的意愿又包括很多东西，那么神就会一会儿是这个东西、一会儿是那个东西，但这是不可能的。再假如神通过其存在来创世，而它又必然存在，

1 语出《歌罗西书》（1.16）。

> 那么等于被迫做祂愿意做的事，如此一来创世就不再是自由的了。（2）

此外，我们还注意到奥古斯丁答异教徒问时有多么不耐烦。在《驳摩尼教徒》（*Contra Manichaeos*）中，他们问道：“为什么神做了天与地？”奥古斯丁只是潦草地回复 93
“因为祂愿意”（quia voluit）（1.2.4）。

在《关于能力的争议》（*Quaestiones disputatae de potentia*）中，阿奎那称神的行动“不出自本性的必然性，而是出自意愿的抉择”（per necessitatem naturae, sed per arbitrium voluntatis）（q3.a6），这对神学家来说是必要的定理，尤其是考虑到它还定义了犹太—基督教的神的行动概念。当然，这样的概念与古希腊模式背道而驰。从古代的文本证据来看，古希腊人接触基督教的创世概念时，最无法理解的部分，就是创世竟源于意愿的无故实行，而非必然性或本性。盖伦在《论人体各部位的作用》（*De usu partium*）中写道：

> 摩西认为对神来说一切都是可能的，哪怕它愿意从灰烬中做出一匹马来。我们希腊人则不这么想［……］

> 我们不说神有意愿（βουληθῆναι），眼睛就随之创造了出来，因为它就算愿意一千次，这也不会因此就发生。（11.14）

吕科波利特斯的亚历山大[1]则在《驳摩尼教观点论集》（*Contra Manichaei opiniones disputatio*）中称：

> 把甚至无法合理赋予人的东西——意愿——赋予神，这能有什么意义？动词“意愿”（βούλεσθαι）在这个语境里指的是一种不可能，根本不该使用它。（26）

神“出自意愿的抉择”（per arbitrium voluntatis）而创世——这样的理论作为神学装置，再加上神的行动的去本性化，不可避免地对人类学产生了直接影响。因为神也
94 赋予了人类自由意愿，所以，决定人的实践的不是根据本性能够做什么，而是根据自由抉择愿意做什么。也正是自由抉择使得人对自己的所作所为负责。然而，这就意味着自由和偶发性不可分割，人类的能力也由此离开本性的范畴，转而屈服于意愿，进入历史与偶发性之域。

---

1 吕科波利特斯的亚历山大（Alexander Lycopolitanus），活跃于 3 世纪晚期的哲学家。

在一位神学家眼中，上述内容是很明确的。他将自由意愿学说的后果推至极致，认定“愿意的人也会有能够不如此愿意的经验”（experitur qui vult se posse non velle）。同时，他抨击否认偶发性的人，甚至带着辛辣的讽刺语气提议让这些人受尽折磨，直到承认自己也能够不受这份苦为止。这就是邓·司各脱。他在《亚里士多德〈形而上学〉问题》（*Quaestiones super libros Metaphysicorum Aristotelis*）中提出，行动有两条原则，即出自本性的（per modum naturae）与出自意愿的（per modum voluntatis）：

> 要么能力由自身决定行事，这意味着在没有外在阻力时，它不可能不实行；要么能力并不由自身决定，而是同样可以做一件事和它的反面。这两种能力中，第一个叫“本性”，第二个叫“意愿”。（9.q.15.4）

司各脱所谓的“意愿”也就是亚里士多德哲学里的“借助言语的能力”，但是他面对的困局要更为极端，以至于把意愿看作绝对偶发、自由的人类行动的原则。意愿是去本 95
性化的能力，是自由的基础。

11

为了保证意愿的首要地位，神学家理论策略的第三步涉及能力的“界限情况”：神的全能（onnipotenza）。《尼西亚信经》（*Symbolum Nicaenum*）的教条确认了神的这项根本属性：

> Πιστεύομεν εἰς ἕν Θεόν Πατέρα παντοκράτορα.
>
> 我们信仰一位神，全能的父。

然而，恰恰是这条无可争议的定理招致了尴尬的后果，让对此一致持赞同态度的神学家陷入困惑。如果神真的像教条说的那样具有绝对、无条件的全能，那么它就可以实行一切逻辑上不自相矛盾的事，比如在一位妇人而非耶稣中化作肉身，或者拯救犹大而惩罚使徒彼得，或者完全摧毁它的造物，甚至让失贞的妇女恢复处子之身——这对神学家来说似乎尤其不能接受[1]。

1　皮耶尔·达米亚尼的几乎整本巨著《论神的全能》（*De divina omnipotentia*）都在讨论这个问题。——原注（译按：皮耶尔·达米亚尼［Pier Damiani，1007—1072］，神学家，曾任枢机主教。）

神的全能也有它的影子，或者说阴暗面：神因为全能而能够行恶、行非理性，甚至行荒谬。11 至 14 世纪的神 96
学家因此争论不休，他们想利用一件装置来限制或约束这种不得不接受，却又令人尴尬的神的全能，即绝对能力（potentia absoluta）和有序能力（potentia ordinata）之间的区分。前者指就神自身而言，其能力是无条件的，能做任何事情；而有序能力是说，根据神通过实行意愿而施加给自己的“秩序”，或者说命令，它只能做它既已决定的事。类似地，里米尼的格雷戈里奥[1]在《评伦巴第人彼得〈语录集〉之前两卷》（*Lectura super Primum et Secundum Sententiarum*）[2]中写道：

> 神通过自己的有序能力，只能做符合通过它自己永恒的法建立起来的秩序内的事。而这永恒的法，也就是神想要永恒地以这种或那种方式、做这件或那件事的意愿［……］如此一来，就绝对能力而言，基督可以不化

1　里米尼的格雷戈里奥（Gregorio da Rimini，1300—1358），哲学家、神学家，中世纪晚期最重要的学者之一。

2　伦巴第人彼得（Petrus Lombardus，1100—1160），神学家，曾任巴黎主教。他所编的《语录集》（*Sententiae*）共四卷，收录了《圣经》文本和早期教父、神学家所著的相关文段。

作肉身、可以不死去［……］但是，一旦要遵守“应拯救全人类”的秩序，那么神就不得不如此做。（1.dd.42-44.q.1.a.2）

这一装置的意义及其策略上的功能再清楚不过：通过划定界限，限制神的能力及其无统治与无本原状态
97 （anarchia），防止世界坠入混沌、失去治理。意愿就是划定这一界限的工具。能力能够愿意，而一旦有了意愿，就要按照意愿行事。和神一样，人能够且应该有意愿，能够且应该负责地约束其能力的无尽深渊。借用康德在《道德形而上学奠基》中颇为矛盾的一句话就是：“人应该能够愿意。”（Man muss wollen können.）（424）

12

相关研究表明，《德意志神学》（*Theologia Deutsch*）的成书受到了莱茵兰神秘主义（mistica renana）氛围的影响，后由马丁·路德于1516年出版。在这本书里，意愿

的问题退化成了完全不同的模样，不再构成在有责行动中显明的个体自由的原则。或者说，意愿是个体自由的原则，仅仅在于主体试图把意愿当成自己的，试图将其转化为“自己的意愿”（eigen will）。罪过仅仅是这种“占有”，行动也因这种占有变得有过错并可以归责。事实上，人的意愿并不属于人，而完全地、永恒地属于神。然而，神的意愿却从不实行，它什么都不愿意，而只能通过造物来具体地实施：

> 永恒的意愿在来源上和本质上都是神的，它没有作品，也不实行，只在人类或造物中产生实效和意愿，因为意愿的实行本身即为意愿所有。［……］因此，造物中有的所谓的“被造的意愿”，跟永恒的意愿一样，也 98
> 是神的，而不为造物所有。而不通过造物，神就无法将意愿转为作品和运动，祂于是愿意和造物一起、在造物中去这么做。因此，造物不应该用这意愿产生任何意愿，而神能够，也确实愿意通过人里面的意愿产生意愿，当然这意愿是属于神的。而当这在人那里纯粹地、完全地发生，这不是人愿意的，而是神愿意的，意愿也不是自

> 己的意愿，因此也只应该对神所愿意的产生意愿。（第216-218 页）

这里，意愿的神学装置被颠倒了：构成了神的根本属性的意愿，被还原成没有实效的纯粹能力，只有通过人才能实现其实行，与此同时意愿又完全不属于人。意愿永远不是自己的（improprio），而人对意愿的占有（appropriazione）正是堕落与罪过：

> 此时恶魔和亚当——错误的本性——来到了，将这意愿为了自己的用处占为己有。亚当咬下了苹果，这就是罪过与不义，是被禁止的，因为这违逆了神。（同上）

而自己的意愿则对应了地狱的创造——它就是地狱（第212页）：

99 地狱中什么都没有，只有人自己的意愿（eygener wille）［……］那里只有自己的意愿。假如没有自己的意愿，就也不会有地狱和恶魔。

某种程度上来说，亚西西的方济各给兄弟姐妹的第二个告诫讨论的也正是这类传统：

Ille enim comedit de ligno scientiae boni, qui sibi suam voluntatem appropriat [...]

那么吃下了知善恶树上的果实的，就是占有了自己的意愿的人［……］

- 第四章 -

超越行动

1

行动和意愿的概念不可分割。如果不彻底质疑二者的优先地位，那么西方文明的政治与伦理将永远深陷种种困局，失去实践的可能。这是个迫切的问题，因为在《人的境况》这部对 20 世纪政治哲学产生重大影响的著作里，汉娜·阿伦特依然着重强调了行动在公共领域中扮演的角色。然而，如果仔细阅读这本书中讨论行动的章节，我们会发现作者并没有为这一概念提供明确一贯的定义，仿佛“行动”不是真正意义上的哲学术语一样。[1] 毕竟，拉丁

1　当然，在最权威的哲学术语表中“行动”一词也是缺位的，这也可以从侧面说明问题。——原注

语中用来翻译古希腊语 πρᾶξις 一词的单词 actio，最初只用于法律和宗教事务，而并不属于哲学用语。在古罗马，
101 actio 一词指的是审判，而 actionem constituere 则和 agere litem 或 causam 一样，意思是“发起审判”。另一方面，actio 的动词 agere 原本是指“完成牺牲仪式”。此外，在最古老的典礼书（sacramentario）中，弥撒也被称为 actio，圣餐礼（eucarestia）则是 actio sacrificii。

于是，在整个古希腊哲学史中，阿伦特可以仅仅援引亚里士多德笔下“制造”（ποίησις）和“行动”（πρᾶξις）这两个概念之间的对立：制造的作品（ἔργον）和目的（fine）都外在于它自身，而行动的目的则在自身之中。[1] 阿伦特正是试图通过亚里士多德对“做”（fare）与“行”（agire）的区分来定义行动[2]。为此，她援引了 ἐνέργεια 的概念，即她所谓的“现实”（attualità），意思是“在实行的”（essere in atto）。亚里士多德用这个词表达一切不追求任何外部目的，也不留下任何作品的活动，阿伦特将其解释为“目

1 参考《尼各马可伦理学》（1140b1-5）：“制造与行动并不同种［……］制造的目的是另外于它自身的，但行动不是——做得好就是目的。”——原注

2 对她来说，这跟言语和述说是分不开的。——原注

的自身”。她写道：

> 就是从整全现实的经验里，悖论性的“目的自身”获得了最初的意义。因为在这类行动和言辞的情形中，目的（τέλος）并非被追求，而是就在这些活动自身之中，这样的活动也从而成为 ἐντελέχεια。作品不是跟随并消除这一过程的东西，而是被置入了过程：过程的执行就 102
> 是作品，是 ἐνέργεια。亚里士多德在他的政治哲学里十分清楚政治探讨的问题是什么：ἔργον τοῦ ἀνθρώπου，即“人之为人的作品”。他将这里的“作品”定义为“生活得好”（εὖ ζῆν），显然是想说这种“作品”不是任何生产活动的产物，而只在全然现实中存在。（第 161-162 页）

显然，在阿伦特分析的段落里，亚里士多德没有定义行动的概念，而是根据人类活动的目的，以及 ἐνέργεια 是否在其自身之中来对这些活动归类。因为，譬如说，亚里士多德把视觉看作是实践的例子，但视觉绝不构成阿伦特意义上的行动。应该说，在亚里士多德那里，重要的并非是否有作品（ἔργον），而是这一作品是否是内在的。也就是说，他试图把指向外在作品和外部目的的技艺（τέχναι）与生产（produzione），与其他一切具有内在目的的活动对立起来——当然，除了政治活动之外，后者还包括了有机体的官能。

2

要理解亚里士多德的行动概念并进一步提出批判，就必须回到其文本的原始语境。在《尼各马可伦理学》
103 里，亚里士多德试图把人的善定义为政治的对象，即"高于一切的行动的善"（τὸ πάντων ἀκρότατον τῶν πρακτῶν ἀγαθῶν），也就是"可实践或实行的最高的善"（1095a16）。可以把这种善——幸福（εὐδαιμονία）——理解为"其余一切都为之行动的"（οὗ χάριν τὰ λοιπὰ πράττεται）（1097a19）。自然，在不同的领域里，善是不同的：

> 它在医术中是健康，在战术中是胜利，在建筑中是房屋，在其他领域中是其他东西。它是整个实践和选择

> 领域的目的（τέλος），而其余一切都为之行动。如果有某种东西是人们完成的所有行动的目的（τῶν πρακτῶν ἁπάντων ἐστὶ τέλος），这个目的就是实践的善（τὸ πρακτὸν ἀγαθόν）。（1097a20-24）

亚里士多德很快又补充说，这种善和笛子、财富或者其他工具（ὄργανον）不同，不是为了他物的手段：

> 看起来，最高善就是最终目的（τὸ δ' ἄριστον τέλειόν τι φαίνεται）[1]。所以，如果只有一个是最终目的事物，这就是我们所寻求的；如果有好几个，那就是最完善的那个。我们说，因自身而被追求的事物，比因其他事物 104
> 而被追求的事物更完善（τελειότερον）；而从不因其他事物而被选取的事物，比既因自身又因其他事物而被选取的事物更完善。人们总是当成目的，从不因为其他事物而选取的，这似乎就是幸福：我们永远因它自身，从不因其他事物而选取它。（1097a25-b2）

1 本段中，亚里士多德利用了 τέλος 和 τέλειος 两个词之间的的相似性，后者的意思是“完成的”、“完善的”。——原注他总结道：

> 幸福好像就是完善（τέλειον）且自足的（αὐτάρκης），是所有行动的目的（τῶν πρακτῶν οὖσα τέλος）了。（1097 b20）

已经有学者指出，亚里士多德的策略是将关于善的学说嵌入合目的性理论（Coccia，2006，第 43 页）。然而，需要明确一点：这里所说的目的是“完善”（τέλειον）且“自足”（αὐτάρκης）的最终目的，绝对不可视作他物的手段；相反，其他所有事物都是最终目的的手段。如此一来，这种装置就建立并构成了诸目的和手段之间的绝对对立。如果善是最终目的，那么对善来说，所有人类行动都是善的手段，而非目的；如果没有这样的善，那么所有的行动都会失去目的，也因此变得毫无意义。从这个角度来看，关键问题在于，实践——人类行动——变成了为了追
105 求善而打开的维度，人必须通过实践来实现他不可能不追求的最终目的。这就意味着，人类并不与他们的善相称；相反，人与善之间存在断裂，这也正是“行动”这政治的第一要务不断尝试填补的鸿沟。因此，根据这个会对西方

文化产生深远影响的范式，伦理学的位置不在于人之所是，而在于他的行动。我们已经看到，人们予以行动的优先性分裂了人，让人相对于他的目的负担义务，由此变得有过错（schuldig）[1]。而实践也就是这一义务得到确认又被反复激发之所。因此，要批判亚里士多德的行动概念，首先意味着批判合目的性的概念。

3

正是在目的问题的语境里，亚里士多德探讨了定义“人的作品”（ἔργον τοῦ ἀνθρώπου）的可能性——阿伦特引述了这个表达，但是没有明确其语境。在分析有关段落之前，必须注意，把 ἔργον 翻译成“作品”（opera），是不准确的，因为“作品”一词在现代语言里主要指手工制品和物件。从词源上来说，ἔργον 和表示“行事”、“做事”的动词 ἔρδω 有关，而这个词最初的含义是“供奉牺牲品”。

1　这是本书题引原文的用词。

就像在拉丁语里 opera 和 opus 的区别一样，它指的也首先是一种工作（operazione），其次才是工作的结果。而
106 正是基于 ἔργον 这个词，亚里士多德铸造了他的一个基本的专业术语：ἐνέργεια，用来表达某事物“是在实行的”（essere-in-atto），即某个行动的工作和实效。通过询问人的作品是什么，亚里士多德试图定义独属于人类的活动和工作。但是，我们来看这段文本：

> 不过，最高善就是幸福，这似乎没什么好说的，我们还需要更明白地定义它。如果先弄清楚人的“工作”（τὸ ἔργον τοῦ ἀνθρώπου）是什么，这就会变得清楚了。对于吹笛手、雕刻家或任何匠师（τεχνίτῃ），或者笼统地说所有具有某种工作[1]和实践的人，他们的善和好就在于这种工作。人（之为人）似乎也是如此，如果对他来说也有这样的工作的话。或者有没有可能，木匠、鞋匠都有作品，人却没有，并且生来就是“无作”的（ἀργὸν）[2]？（1097b22）

1 这里同样是“作品”意义上的 ἔργον。——原注。

2 ἀργός 一词更常用的意思是“不劳作的”、“懒惰的”。

这个关于人之为人并不具备作品的问题，尽管至关重要，却很快就被亚里士多德搁置了。我们在后文中会对此进行探讨。本段里，亚里士多德将人本身和四种匠师对立起来，有意采用了能够轻松指出其 ἔργον 的形象，游走在这个词的两种含义之间——“工作”（operazione）和“作品” 107
（opera），也暂时留下了一个未决的问题，即如何区分匠师的制造（ποίησις）和采取行动的人类的行动（πρᾶξις）。不过，在尝试定义人的作品的时候，他还是借助了行动的概念。他认为，这里的问题既不是生存的生活（vita nutritiva），也不是感觉的生活（vita sensibile），而是关于“一种具有言语（λόγον）的存在”，“它的行动的（πρακτική）生活”（1098a4）。很快他又更具体地补充说，这里涉及的是灵魂之“在实行”（ἐνέργειαν），以及“借助言语的行动”（1098a14）。人作为人就是要投身于实践的：人是行动的人。

4

亚里士多德非常重视两种人类活动之间的区分，他在

《形而上学》第九卷里又回到这一问题：

> 工作（ἔργον）是目的，而“在实行”（ἐνέργεια）即工作，所以就工作而言的“在实行”引申到了“在目的中具有自身”（πρὸς τὴν ἐντελέχειαν）。在有些情形下，最终目的是使用（χρῆσις），比如观看（ὄψεως）和视野（ὅρασις），只是为了观看；在另一些情形下，则会产生别的东西，比如建筑的技艺，除了产生建造的行动（οἰκοδόμησιν）之外，还会产生一间住所［……］在这些情况下会产生使用之外的东西，“在实行”也就在被产生的那个东西里：建造的行动在建造的东西里，纺
> 108 织的行动在织物里［……］相反，在除了“在实行”的状态之外没有其他作品的工作里，“在实行”也就在这种工作之中，像观看就在明眼人之中，思索（θεωρία）在思索的人之中，生命在灵魂之中。（1050a21-1050b）

至此，我们可以更好地理解为什么亚里士多德似乎没有特别关注匠师（τεχνίτης），以及为什么生产制造（ποίησις）在他看来要低于实践行动（πρᾶξις）。尽管在我们眼里显得很怪异，但是古希腊人确实认为，工作不在于工艺师，

而在他生产的作品里：建造的工作不在于建筑师，而在于住所，纺织的工作不在于织布工，而在于织物。相反，对亚里士多德来说，定义行动的关键，是其“在实行”完全在于行动者，而非外在事物。

如此看来，“目的自身”这个亚里士多德在《尼各马可伦理学》里提出的，也被包括阿伦特在内的现代作者援引的概念，其实具有误导性。对他来说，问题其实在于如何给 ἐνέργεια 定位：是在于行动者自己，还是在于外在的作品。他谴责匠师和工艺师，因为他们之 ἐνέργεια——“在实行”——外在于自身，而行动的人则在本体论意义上是实行的主人。但也是因此，匠师在不实施相关活动时，依然可以保持匠师的身份，而行动的人则不可以是无 109
作的（ἀργός）：他在根本上就必须行动。另一方面，如果目的是“为了某物而将其他事物构筑为手段”中的“某物”，那么谈论所谓的“目的自身”，无非就是更加决绝地把它排除到手段领域之外而已，这当然是一种同义反复（tautologia）。

5

我们这里试图重构的亚里士多的行动理论是有破绽的。比如，制造（ποίησις）和行动（πρᾶξις）之间的区分[1]就不像看上去的那样明显。如果实践追求的善是“其余一切都为之行动”的，那么行动就会和制造一样，在某种意义上拥有外在目的。亚里士多德本人也在《论天》（*De caelo*）的一个著名段落中提出了类似的看法：

> 最完美者不需要行动（Τῷ δ' ὡς ἄριστα ἔχοντι οὐθὲν δεῖ πράξεως），因为它自己就是“为了某物”中的“某物”。而行动则总是处于一种二元分裂状态（ἡ δὲ πρᾶξις ἀεί ἐστιν ἐν δυσίν），因为既有“为了某物”而做的，也有这个“某物”。（292b5-6）

亚里士多德此前还写到，相对于其他的生物，行动的人
110 “完成了最多数量的行动”（292b2）。在他看来，这样的人必然处在分裂中（ἐν δυσίν），如此一来要让目的等

1 亚里士多德在《尼各马可伦理学》(1140a3)中一度声明，他的“外部论说”(ἐξωτερικοῖς λόγοις)已解释过这个问题。——原注(译按：“外部论说”或指非哲学的、非正式的讨论。)

同于行动，就变得十分困难，乃至完全不可能，但实践本应是由二者之间的等同关系来定义的。而正是追求“绝无可能用作手段之物”时产生的不可还原的张力惩罚了在手段与目的之间的裂隙行动的人，将他逐入目的和手段之间永恒的、未解的、无解的辩证法：手段不论多么合适、正当，都必须紧随目标之后；而目的尽管通过与自身的关系构造了手段的概念，却无法与手段等同。此后，克里斯蒂安·沃尔夫[1]用一条定理决然地划定了现代性的开端，依据的也是同样的原理：“对目的有意愿的人，必须也对手段有意愿。”（Qui vult finem, velle debet media.）

6

值得注意的是，至少在后期著作里，柏拉图没有把善理解为目的，而是——用《理想国》的话来说——“无前提的本原”或“无预设的原则”（ἀρχὴ ἀνυπόθετος）（511b），

1　克里斯蒂安·沃尔夫（Christian Wolff，1679—1754），德国哲学家、法学家，德国启蒙运动代表人物。

无法通过行动抵达，而只能以回退运动（καταβαίνω）的方式通过辩证知识（conoscenza dialettica）实现。阿伦特对他的抨击也正是基于其将行动从政治领域中撇除的意图。根据阿伦特的指控，柏拉图想要用实为僭主式的统治替代行动，用家园（οἶκος）的模式替代城邦（πόλις）：在前者中人们命令他人或接受命令，而在后者中人们则可以自由地行事。

111 就算柏拉图确实认为，在政治中，一旦将实践置于首要位置，就会面临极端的局限，他也并不只是简单地想用统治替代行动。在《法律篇》的一个段落里，柏拉图把人类的行动比作神操控的玩偶做出的种种动作。阿伦特也意识到了这个段落的重要性。这里的关键点是：神似乎并没有追求任何目的，而只是在“玩”人类。这样的“游戏”，在柏拉图看来，恰恰是一种范式，代表了更加幸福的政治：

> 人被神制作成某种玩具（τι παίγνιον）[1]，这确实对人是最好的事情。男男女女都应该这样度过一生（διαβιῶναι），玩尽可能美好的游戏（παίζοντα ὅτι καλ-

1 此前，柏拉图还将人定义为“神的木偶”（θαῦμα [...] θεῖον）（1.644d）。——原注

λίστας παιδιὰς）——这与当前人们所想的截然相反。（7.803c）

事实上，他将游戏领域视作中和（neutralizzare）手段—目的关系的绝佳范例，这在后文中表示得很明确：

当前，人们认为，严肃的事务应该是为了游戏而做的（ἕνεκα τῶν παιδιῶν γίγνεσθαι）。确实，他们认为战争事务是严肃的，应该为了和平而恰当地处理。但是在战争中，不论是真正意义上的游戏（παιδιὰ），还是这样的教育（παιδεία）[1]，都不存在；而且不论在现在还是 112
在将来，都不会有我们所谓最严肃的事物。（7.803d）

本段中，柏拉图断然否认"和平"的游戏可以被理解为"战争"这一严肃手段的目的。如此，他才可以将游戏呈现为良好统治的范式，这与阿伦特所谓的"支配"（dominio）是不同的：

因此，每个人都应该在和平中度过最长久、最美好的一生。那么，这种正直的方式是什么呢？是玩着某些

1　这里柏拉图利用了 παιδιὰ 和 παιδεία 这两个词在词源上的关系。——原注

> 游戏（παίζοντά ἐστιν διαβιωτέον τινὰς δὴ παιδιάς）过日子，要庆祝仪式、歌唱、跳舞，这样才能使诸神眷顾自己，驱逐[1]敌人，在战斗中获胜。（同上）

这里，柏拉图看似在描绘的，并不是极权主义国家（stato totalitario），而是拥有爱情序列（serie amorose）和游戏般家园革命（giocosa rivoluzione domestica）的傅立叶方阵院[2]。

尽管柏拉图颇为严肃地提出了这种“游戏政治”（politica giocosa）的观念，但在某些人眼里可能会显得难堪。比如西塞罗就将政治行动理解为 officium（“职责”、“义务”），试图驳斥柏拉图。他在《论义务》（*De officiis*）中写道：

> 大自然孕育了我们，与其说是为了让我们把注意力
> 113 放在游戏和玩耍上的（ad ludum et iocum）[3]，不如说是

1　这就是 ἀμύνεσθαι 的含义。——原注

2　方阵院（falansterio）：傅立叶为其空想社会主义设计的基本建筑单元。一般采取音译，但考虑到法语 phalanstère 一词实际上由意为“军事方阵”的 phalange 和意为“修道院”的 monastère 构成，这里尝试意译。

3　拉丁语中有两个表示“游戏”、“玩耍”的词，iocus 和 ludus。前者指言语的游戏，后者指行动的游戏。——原注

为了让我们把注意力放在严肃的事物（ad severitatem）和更重要、宏大的事业上。（1.29.103）

而西塞罗当然清楚，不仅对希腊人来说游戏可以是最严肃的事物[1]，拉丁人最庄严的仪式也具有游戏的形式[2]。

7

在古代思想史上，对合目的论（finalismo）的批评层出不穷。斯多亚学派虽然继承了亚里士多德对目的（τέλος）的定义，即"其他一切都为之行动，且从不为其他任何事物行动的"，却区分了行动的目标（σκοπός）和目的（τέλος）。我们可能错失目标，因为实现某个目标并不取决于我们，而取决于命运。相反，有智慧的人不可能"错失"自己的目的。从这个角度来看，智者和运用射箭

1　比如《伊利亚特》第二十三卷中为帕特罗克洛斯（Patroclus）之死而在葬礼上举办的游戏。——原注

2　比如用来纪念抵抗高卢人的卡比托利欧游戏（ludi capitolini），以及以朱庇特之名庆祝的罗马游戏（ludi romani）。——原注

技艺瞄准标靶的弓箭手类似。至于目标，他可能中靶或者脱靶；但就“目的”而言，则不可能失手，因为目的是“瞄准”本身。有学者对此评论道：“在这里，目的因被还原到了 σκοπός 的范围，变成了一种简单的‘偶然因’（causa occasinale），或者说‘质料因’（causa materiale）。[1] 施
114 加在此质料上的理性活动是至高目的（τέλος），但这个目的是持续、完全的内在目的。”（Goldschmidt，1969，第 149 页）

如果说，根据这种学说，外在目的的观念不再有任何道德价值，亚里士多德的“自身之中的目的”这一观念却被坚定地保留了下来。其范例依然不是生产技艺，而在于那些限于自身执行的技艺——之后我们还会讨论这样的范例幕后的图景。继承斯多亚学派前辈的理念，西塞罗在《论善恶之极》（*De finibus bonorum et malorum*）中写到，智慧跟演员的吟诵或舞蹈相似，“其目的并不在外部”（non

1　关于偶然性和质料的关系，参考亚里士多德《形而上学》（6.1027b）：“比如，苍白的人既不总是，也不大多是音乐家，但还是会在某时变成音乐家，那么他就出于偶然地（κατὰ συμβεβηκὸς）是音乐家——否则，一切就都是出自必然（ἐξ ἀνάγκης）的了。因此，既然质料（ὕλη）可以与大多所是的不同，那它就是偶然性的因（αἰτία τοῦ συμβεβηκὸς）。”

foris petatur extremum），而在于“施行”（effettuazione）本身，即所谓 artis effectio（3.7.24）。目的并没有因此被消除，而是以“目的自身”为形式提供了行动的范式：不可当作手段的目的，以及不可当作目的的手段，是完完全全的“同盟”。

对目的主义的极端批评是伊壁鸠鲁主义的经典论题。卢克莱修甚至在《物性论》中否认在生物中可能存在任何合目的性。没有任何器官是为了某个目的而被创造的：眼不是为了看，耳不是为了听，舌不是为了言语：

> ［……］但诞生的事物创造用途（quod natumst id procreat usum）。
>
> 在双眼的光明出生之前没有视觉；
>
> 在舌头被创造出来之前没有言语的表达，
>
> 倒不如说舌头的诞生远早于 115
>
> 交谈，双耳被创造出来也远早于
>
> 声音被听见，而所有的器官
>
> 都先于——按我的观点——它们的用途。（4.835-841）

一旦颠倒了器官与其功能之间的关系，就能清除一切预先建立的目的论。生命是实施（esercizio）的实行本身所产生的、内在于实行的欢愉，像双手在挥动（gesticolare）中能获得它的快乐与“用途”，双眼通过观看与视觉交合，而双腿在有节奏的屈伸中发明了漫步。

8

显然，亚里士多德提出的至高善—目的范式在基督教神学中发展到了极致，不论是在宇宙秩序还是道德秩序的讨论中，都起到了基石的作用。而且，这不仅是遵循亚里士多德的思路，认为善的观念与目的的观念不可分割——用阿奎那在《神学大全》中的说法，就是“善带有目的的概念”（bonum rationem finis importat）（1.q5.a4），而是进一步认为神作为至高的善（summum bonum 或 finis ultimus）是一切被造物以必然的方式安置的根据。由此，万事万物必然的合目的性提供了神存在的证据：一切不具有理性的造物，只有经由某种具有认识与智性的存在引导，才能趋向某个目的，“就像弓箭手射箭一般”（sicut sagitta a sagittante）（1.q103.a1）。因此：

> 有一个智性的存在，从它那里所有的自然事物都被 116
> 安置至一个目的，而我们就称它为“神”。(1.a2.a3)

阿奎那在《反异教大全》一作中概括了他的思想。其中，紧接着“每个行动者都为目的行动”（omnis agens agit propter finem）的定理，他提出“每个行动者都为善行动”（omnis agens agit propter bonum），这二者不可分割。然而，这里依然保留了亚里士多德对两种行动的区分，即指向外部目的的，和在自身中具有目的的：

> 有时，行动被限定在某个成果(ad aliquod factum)中，就好像建造在于住房，医术在于治愈。但有时却不是这样，比如理解和感觉［……］但如果行动没有被限定在某个成果中，行动者的驱动力则会趋向行动本身（tendit in ipsam actionem）。（3.2.2）

就在本章结尾处，阿奎那突然调转话题，开始讨论在某些情况下，人类实行的行为并不指向任何目的，这可能对上述两条定理产生威胁。他写道：

> 但有一些行动并没有被当作是为了某个目的，比如游戏与思索的行动，以及做出的一些下意识行动，比如挠胡子等等。在这些情况下，可以认为行动者行事是没有目的的。（3.2.9）

117 其中，思索行动可以很简单地被解释为“自身就是目的”（ipsae sunt finis）（同上）的行动，但玩游戏或作出无意识姿势的情况则更为复杂，比如挠胡子或者挠头：实行这些行为，看似不具备任何合目的性。尽管阿奎那意识到，如果强行将游戏、抽动和不受意识控制的作势也纳入目的——也就是善——的范畴，将很难令人信服，但他不得不这么做，因为他的定理容不下例外，哪怕这要付出巨大的代价：

> 游戏的行动有时就是目的，就像有人玩游戏仅仅是为了从游戏中取乐；但另一些时候，游戏的行动又是为了某种目的，就像我们玩游戏是为了之后让身体变得更好。此外，还有一些行动是无意识的，并不源于智性，

> 而是来自某种突然的想象，或自然层面的原因：比如由体液失衡所产生的瘙痒，这是挠胡子的原因，智性不会注意到这个过程。然而，实行以上这些行为也趋向某种目的，尽管外在于智性的秩序。（同上）

显然，为无意识动作也赋予合目的性，是十分牵强的。挠胡子，或者作出各种其他没有动机的日常姿势，绝不是为了止痒。实行这些行为的时候，我们所处的关系，既不是为了某个目的的手段，也不是这些行为自身之中的什么目的。

9 118

人们通常认为，是康德试图带领道德议题走出目的与手段的辩证。他所做的，是将“目的自身”（Zweck an sich selbst）的概念发挥到极致，与“最终目的”（Endzweck）并置，如此一来便将合目的性的概念以颇为矛盾的方式极端化了。早在《纯粹理性批判》里，“事物符合某一目的”

（Zweckmässige Einheit der Dinge）的原则就作为理性的规范性观念（idea regolativa）出现。据此：

> 理性要求按照一个系统的统一性的原则来看待世界的一切联结，因而就好像它们全都产生自作为至高的和完全充足的原因的一个唯一的、无所不包的存在者似的。（A686/B714）

然而，这一原则仅仅是规范性观念，无法建立任何有关自然的科学认识。

不过，康德确实认为有一个领域可以无条件地接受合目的性原则，即道德领域。这里，合目的性原则主要以“目的自身”的形式呈现，他在《道德形而上学奠基》中写道：

> 人，以及一般的每一个理性的存在者，都作为目的自身而存在（als Zweck an sich selbst），而不仅仅作为这个或那个意愿随意使用的手段。（428）

119 正如所有的伦理学议题一样，其实这里涉及的问题依然是如何确保人类行动有一个指导原则：事实上，如果没有

“目的自身”的观念，那么“任何地方都将找不到什么具有绝对价值的东西”，由此一切都将变得偶然，“对理性来说就将无论何处都找不到什么至上的实践原则”（同上）。

与“目的自身”紧密相连的，是“最终目的”（Endzweck）的观念。整个《判断力批判》的第二部分讨论的都是这个问题。如果最终目的“不需要任何别的东西作为它的可能性的条件”（434），那么唯一能视作“自然的最终目标”的——即“所有其余的自然事物都与之相关而构成一个目的系统”（429）的——就是作为道德存在的人。最终目的与目的自身在人身上接合：

> 因为人是道德层面的［……］我们就不能再去问：他是为了什么目的（quem in finem）而存在的。在他的存在自身中就有最高目的，他能够尽自己所能使全部自然都服从这个最高目的。（435）

10

“目的自身”和“最终目的”这两个表达相互预设，而且实际上具有同样的含义。这样的看法，是康德本人在
120 《判断力批判》里试图定义二者的概念时亲自提出的。他首先将“外在合目的性”（aussere Zweckmässigkeit）和“内在合目的性”（innere Zweckmässigkeit）对立起来。对前者来说，“一个事物作为达成目的的手段而有利于另一个事物”；而在后者的情况下，可以“不考虑这个对象的现实性本身是不是目的”（425）。他很快补充道，称某个自然物存在的目的在其自身之中，这意味着“它不仅是目的（Zweck），而且还是最终目的（Endzweck）”（426）。由此，“目的自身”和“最终目的”相互印证、彼此定义：如果某物的目的在其自身之中，那么其自身就必然是最终目的，因为如果它还有进一步的目的，就不可能是目的自身了。另一方面，最终目的不以另外的目的为条件，因此就也必然以自身为目的。

康德式论证的不足之处恰恰在于这个恶性循环，这也正是叔本华加以讽刺的。在《关于道德基础的征文》

（*Preisschrift über die Grundlage der Moral*）第 8 节中，他认为：

> “作为目的自身而存在”是个不可思议的表述，是
> 语词矛盾（contradictio in adiecto）。既然是一个目的，
> 就意味着它受到意愿的作用（gewollt sein）。每一目的
> 仅能相对于某种意愿而存在，是意愿的目的，也就如上
> 所述，是意愿的直接动机。只有这样，“目的”的概念
> 才有意义。而一旦中断这样的联系，它就失去意义。但 121
> 这种对其必不可少的联系，却必须排除一切“自身”。“目
> 的自身”正像说“朋友自身”、“敌人自身”、“叔父自身”、
> “北或东自身”、“上或下自身”，等等。

叔本华对康德的批评基于手段与目的之间的必然补足，但这个论证其实没有看起来的那么有力。康德当然清楚有一条纽带将两个概念关联在统一的装置中，他可能正是寻找一种策略以图将它中和——或许，处理目的的概念，就是这样的策略。在内在合目的性的定义中，“不考虑这个对象的现实性本身是不是目的”一句指的可能正是目的与手段的未决状态（indeterminazione）。问题不在于“目

的自身”这一表达——包括“叔父自身”之类——是否有意义或者是否矛盾，而在于衡量运用这些表达的策略是否有效。如果“叔父自身”的观念能够跳出原本所处的亲属关系，那么尽管这一表达是矛盾的，却也能算作达成了目标。

11

此前，康德已经采取过类似的策略。在《判断力批判》
122 对美的分析的最后，他提出著名的美的定义，即“一个对象的合目的性的形式，而这形式无须目的的再现就能被感知到”（236）。这个定义也是矛盾的。无疑，通过所谓的“无目的的合目的性”，他已经快要在美学领域中从手段—目的的关系中解放出来了，比作品第二部分处理的道德领域更甚。

已经有学者恰当地指出，康德式“目的自身”的观念，实际上是“自我内化的目的（τέλος）”，允许将所有目的的关系消解为与自身的关系（Spaemann，1963，第53页）。

弗洛伊德曾将自恋（narcisismo）解释为性冲动（libido）的内倾[1]。而在自身中具有目的的人与纳西索斯（Narcissus）一样不可能抵达自身。事实上，在《道德形而上学》中，康德就将目的定义为“理性存在者的任意的一个对象”，“通过其再现，意愿得以决定某个实现这个对象的行动”（381）。犹如纳西索斯对自己的欲望，把自己的目的内投给自身的主体必定面对一项不可能的任务，即通过对自我的再现来决定自我，由此产生自我。

因此，康德不可能没有意识到，一旦将人类定义为“目的自身”，就等于将他逼入困局（aporia），是字面 123
意思上的“死路一条”[2]。事实上，“目的自身”等于提出了一种合目的性，但是不存在任何与之相应的可能手段。然而，谈论没有手段的合目的性，就和谈论没有任何可能目的的手段性一样怪诞而不可思议。行动的这般无力处境，正是卡夫卡曾在八开本笔记本中以他惯常的犀利笔法写下

1　内倾（introversione）：（性冲动）回退到幻想的过程。“内倾”本是荣格采用的术语，弗洛伊德在《精神分析引论》第 23 讲中沿用，称之为症状形成的中间环节，又在 1914 年的论文《自恋引论》（*Zur Einführung des Narzissmus*）中用于分析自恋。严格来说，自恋仅是性冲动内倾的结果之一种。

2　意大利语中的 aporia 来源于古希腊语形容词 ἄπορος，由否定前缀 ἀ 和表示“通路”、“出路”的 πόρος 一词组成。

的：“目的虽有，却无路可循。”不论康德对此是否有意识，他关于“目的自身”的观念要求彻底地质疑“合目的性”观念本身。然而，面对此种疑虑，康德选择了后退一步，诉诸“最终目的”这一神学观念——也就是其他一切都沦为其手段的那种目的。在他的构想中，人类本质上是道德的，他不仅是目的自身，还是创世的最终目的。只是，如此一来康德就不得不重新引入手段—目的装置，而他一开始可能恰恰是想质疑这种装置的。他在《判断力批判》中写道：

> 如果没有（人类）这个最终目的，相互隶属的目的的链条就不会被完备地建立起来；而唯有在人里面，但也是在这个仅仅作为道德性的主体的人里面，才能发现目的方面的无条件立法，因此，唯有这种立法才使人有能力成为最终目的，而整个自然都是在目的论上隶属于这个最终目的的。（435-436）

124 毋庸置疑，作为最终目的的人保证了目的与手段之间的阶次关系——即他所谓的“伦理学神学”（Ethiktheologie）。一旦判定人类是道德的，就意味着合目的性在行动领域获得最终胜利。叔本华一度指责康德伦理学无非是层层伪装之下的神学。他意识到，道德目的论的发展证实了宇宙的至高创造者与道德立法者，尽管这并非为了决定性判断，而只是出于理性的实践用途的考虑：

> 按照我们的理性能力的性状，没有一位世界的创造者也同时是立法者的统治者，就根本不能使自己理解这样一种与道德法则及其对象相关的、存在于这种最终目的中的合目的性的可能性。（455）

12

往往是法学家的著作能揭示出某个概念的深层逻辑，“目的”——尤其是“目的自身”——的概念也不例外。有一位法学家就曾试图完全从目的的角度来建立法学理论。1872年，鲁道夫·冯·耶林[1]出版《权利斗争论》（*Der*

1　鲁道夫·冯·耶林（Rudolf von Jhering，1818—1892），德国法学家，历史法学派代表人物。

Kampf ums Recht）一书，一时声名大噪。这本书的标题已经体现出达尔文理论对他的影响[1]。1877 年，他又出版了
125 《法的目的》（*Der Zweck im Recht*）。在书中，他毫无保留地主张一种真正的“目的的法”，以统治整个人类行动的领域。

> 人类行动的基础并非“由于”，而是“为了”，即以达成某事物为目的。对于意愿来说，这种“为了”是不可或缺的，正如石头不能缺少“由于”，或者说原因。石头的运动不可能没有原因，同样，意愿的运动也不可能没有目的［……］我们可以这样总结因果法则：在外部的可感世界中，所有的事件都是某个与之不同的前提造成的，或者用更著名的表达式来说，即“有果必有因”。而目的法则则是这样的：没有目的，就没有意愿，或者换成等价的术语就是：没有目的，就没有行动。（第 4-5 页）

根据现在我们十分熟悉的范式，行动和意愿是等同的，而

1　指的是达尔文的生存斗争理论，德文一般译为 Kampf ums Dasein。

恰恰是这一等价关系决定了目的在一切人类行动中都占据首要位置：

> “愿意”和“愿意达成某个目标”之间没有含义上的区别，因为不存在没有目标的行动。（第 21 页）

1883 年，耶林出版了本作的第二卷，探讨了伦理学领域的方方面面，包括时尚、教养和礼仪。这也是他讨论“目的自身”概念的语境。他写道：

> 价值的概念，说的是某物有多么贴合人类的目的， 126
> 它也能运用在人类身上。然而，物件——包括现存或历史上奴隶制度下的人类——不过是人类实现目的的手段。相反，人类只要在大地上实践自己的天职，就是目的本身（Selbstzweck）——用法律语言来说，他就是“个人”（er ist Person）。（第 496 页）

耶林使用的 Person 一词在词源上可以追溯到“面具”的含义，这显然绝非巧合。他很清楚，自罗马法以来，这个术语就用于表示为行动担责的主体的法律能力。拉丁语中的 persona 指的不是自然人主体，而是让自然人能够扮演法律主体这一角色的面具、虚构或“拟制”（finzione）。如此一来，他就可以依自己的意愿实行法律上有效的行动，也就有回应这些行动的义务。这再次将人类置入意愿—行动—归责的装置。就和在康德的理论中一样，此装置带有明显的神学意味，对于一个并不排斥实证主义立场的法学家来说，这可能会让人有些惊讶：

> 创造世界的真正力量［……］是意愿，对神和按照神的形象创造的人来说都是如此。这股力量是由目的推
> 127 动的。人、人性和历史，都处在目的之中。quia（“由于”）和 ut（“为了”）这两个助词反映了两个世界的对立：quia 是自然，ut 是人类［……］神像它在摩西所述的创世历史中宣称的那样，通过 ut 予以人类整片大地。（1877，第 25 页）

13

现在，我们可以提出这样的假说：目的的装置——

或用耶林的话来说，目的的“法”——的意义与功能恰恰在于为人类行动创造出主体。关于主体性的考古学（archeologia della soggettività）不能仅仅是认知层面的，而首先应该是实用层面的。早在作为知识主体出现之前，笛卡尔的中世纪先驱就已经在实践的领域中提出了类似于主体的概念，用作将有意行动归责的中心。从这个角度来看，可以说目的只是一个“消失点”（punto di fuga）：从亚里士多德提出 προαίρεσις（“选择”）的概念开始，主体的意向与行动就把它投射到主体自己面前；与此同时，行动的主体又不过是目的概念留下的影子而已。

不论如何，这都是为了 crimen/karman——人类行动的奥秘——寻找归责的中心。我们也由此才能理解为何要区分“业”（karman）与“我”（Ātman）、区分行动与主体——这是佛教学说中最具争议的核心问题。下面这段 128
引文已经清楚地说明了这一点：

> 诸比丘，我将教导你们一件事情，那就是业。业存在，结果存在，而从一种到另一种存在，从而接受业的结果的作业者，则不存在。（Silburn，第 189 页）

西方学者面临的困难，在于调和这两个看似互相矛盾的论题：一方面，行为是现实的、具有实效的；另一方面，可以用于归责行动结果的持存的主体，却并不存在。然而，虽然免不了曲解，但是如果把这个问题用我们的术语翻译一遍，那么佛陀的策略就会显得完全融洽：他试图破坏主体与“行动—意愿—归责”装置之间的纽带。行动根据纯粹事实性的原则（“如果甲，那么乙”）存在于缘起之轮转中，也因此，它似乎将能在其中认出自己的人牵涉进转世。说主体即要为行动负责的行动者，这不过由无知或想象产生的表象[1]。然而，这意味着问题由此转变：我们需要以新的方式思考行动及行动假定的主体之间的关系，或二者之间的“非关系”（non-relazione）。

129

14

要思考主体与其行动之间的关系，又不采纳合目的性

1　用我们的话来说，就是由法与道德装置产生的虚构。——原注

的范式，但特罗传统[1]最经典的文本之一、瓦苏笈多[2]所著《湿婆经》（*Śivasūtra*）就是一种尝试。这部经所属的经集被定义为“咒语之道”（via dei Mantra），其中心是湿婆（Śiva）——“恩赐者”——的形象。他是不可把握的神，代表了极致与不停息的运动，标志是林伽（liṅga），永远勃起的生殖器[3]。颂诗写到（第 204 页），这位神不受制于出生的业力，直接存在于所有生物中，但是这些生物被幻象（Māyā）[4]遮蔽，因此看不到他。受困于这种“幻象之缚”（196 页），人依然可以认识、感知，但他的分辨能力止于此种受束缚的视野。因此，“在摩耶的束缚中，有了善行和劣行的基础”（同上），也就是说对于完成的行动要负担业的责任。

而关键在于，为了描述走出迷障的觉醒之人身上发生的转变，作者使用了舞蹈的修辞。第三经的一句颂文说“自我（Ātman）是一名舞者（nartaka）”（第 210 页），评

1　怛特罗（Tantra）：出现于公元 5 世纪左右的印度密教传统。

2　瓦苏笈多（Vasugupta），活跃于公元 9 世纪上半叶的印度哲学家、神秘主义者。生平不详。

3　正像古希腊神话中的潘和萨堤尔（Satyrus）。——原注

4　又译作“摩耶”。

130 论还明确说，在跳舞的时候，觉醒的主体“通过他自由玩乐般的运动，显明了种种形象”，在这个意义上，他被比作“世界剧场中的表演者”。该段落主张，觉醒的梵我与其行动之间的关系不再是善行与劣行、手段与目的所涉及的业的关系，而更类似于舞者与其姿势之间的关系。“内在的我是舞台”而“感官就是观众”，“所有的分隔都消失之后［……］感官就可以如实品尝惊异的滋味”（第215页）。

15

斯多亚学派同样把完满的知识比作舞蹈（和演员）。根据是否具有在外目的来划分技艺，在西方传统上并不少见：对于不具有外在目的的技艺（比如舞蹈），施行（artis effectio）就是目的。昆提利阿努斯就在《雄辩术原理》中写道：

> 有些技艺在于行动（in agendo），因为它们的目的

> 行为本身中就完成了，而且并不会留下任何作品（nihilque post actum operis relinquit）。这类技艺在古希腊语中被称作 πρακτική，舞蹈就是其中的一种。（2.18.1）

安博罗修斯[1]借鉴了昆提利阿努斯的阐发，在《创世六
日》（*Hexaemeron*）中同样也区分了“活动的技艺”
（artes actuosae）和诸如建筑、纺织这类技艺，前者“仅
仅在于移动身体、发出声音的，在工作之后什么也不会 131
留下”，后者则“在工作停止之后，会出现作品的产物
［……］并给工作者提供其作品的证据”（1.5.17）。

我们的研究要特别关注这类区分，因为从这个视角来看，亚里士多德在《尼各马可伦理学》中建立的技艺（τέχναι）和制造（ποίησις）之间的必然联结，以及两者与实践之间的对立，就要打上问号了。他写道：

> 一切技艺都会生成某事物（ἔστι δὲ τέχνη πᾶσα περὶ γένεσιν）［……］制造（ποίησις）和行动（πρᾶξις）是不同的，技艺必然属于制造，而不属于行动。（1140a11-17）

1　安博罗修斯（Ambrosius，339—397），基督教早期最重要的神学家、主教之一。

斯多亚学派和昆提利阿努斯都利用的“目的自身”的范式[1]，为安博罗修斯所抛弃。不论如何，我们所谓的“表演技艺”（arte performativa）作为人类行动一例，似乎都可以逃离合目的性的范畴。

16

在 1921 年的论文《暴力批判》中，本雅明试图以他自己的方式切断手段与目的之间的联结。与康德不同，他并没有将目的的一端推向极点，而是尝试在他所谓的“纯
132 粹手段的政治”（Politik der reinen Mittel）（第 193 页）这一视角下思考手段的概念。本雅明于 1929 年 12 月写给肖勒姆（Gershom Scholem）的一封信可以证明，他在这个问题上有意与康德针锋相对。他告诉这位朋友，当时自己正在写作一部关于政治的论著，其中一章的标题拟为“没有最终目的的目的论”（Teleologie ohne Endzweck）（第

1 昆提利阿努斯虽然讲的是所谓“实践技艺”，但肯定也意识到了自己立即就和亚里士多德的论题产生了冲突。——原注

247 页）。本雅明有意改写了康德对于美的定义——“无目的的合目的性”（Zweckmässigkeit ohne Zweck），无疑是为了反对总结《判断力批判》的“道德目的论”，即把人视作创造的最终目的（Endzweck）的主张。

这篇讨论暴力的论文的中心概念是“纯粹手段”。本雅明首先说明，法的领域即由目的与手段之间的关系主导的领域。随后，他断然拒绝将暴力的合法性确立为实现正义目的的手段。这里的问题不是根据暴力的目的来评价暴力，而是要尝试在“手段领域之内的区分”中寻找评判暴力的标准，“不考虑其目的”（1921，第 179 页）。自然法试图“通过目的的正义使得手段‘正义化’”，实定法则希望“通过手段的合法性来‘保证’目的的正义”（第 180 页）：二者均预设了同一个错误的前提，即可以将（正 133
义的）目的与（合法的）手段联系在一起。可以想见，这里对合目的论的批判同样涉及康德在《奠基》（429）中提出的定言令式（imperativo categorico）：“你要如此行动，即无论是你人格中的人性，还是其他任何一个人的人格中的人性，你在任何时候都要同时当作目的，绝不仅仅当作手段来使用。”而本雅明则从自己对纯粹手段的定义出发，颇为嘲讽地把这一令式倒转了过来：

> 有理由怀疑这个著名的公式包含的要求是不是太宽松了，即我们是不是还可以把自己或他人、允许别人把自己或他人［……］用作手段。（第 187 页注释 1）

本雅明所谓的“纯粹或神的暴力”（reiner oder göttlicher Gewalt）（第 200 页）摆脱了一切和目的的直接关系。与设立或维系法的暴力不同，神的暴力既不设立法，也不维系法，而是废止（entsetz）法。我们需要把这种暴力理解为“纯粹手段性”的范式。他问道：

> 如果［……］要设想另外一种暴力，显然不再是那些对于目的而言合法或不合法的手段，也绝不再作为手段与这些目的相关，而是处于一种不同的关系中（nicht als Mittel zu ihnen, vielmeher irgendwie anders, sich verhalten würde），那会是怎么样的呢？（第 196 页）

17

什么是纯粹手段？在一封1919年写给恩斯特·舍恩[1]的通信中，本雅明指出，纯粹性无法在自身中找到标准，134
也不该就其本身而被保留下来。相反，纯粹性永远从属于某个条件，也即与某个外在事物相关。在关于暴力的论文中，这个外在要素是法：暴力——纯粹手段——不能作为手段与之相关，而必须寻求“另一种方式”，最终指向目的的废止（deposizione）。值得注意的是，此处本雅明保留了“手段”（Mittel）一词：纯粹手段是不再与目的相关的手段，但仍然是一种手段。似乎可以说，针对康德所谓的“无目的的合目的性”，本雅明提出了颇为矛盾的“无目的的手段性”（medialità senza fine）。然而，应该说，无目的的合目的性是消极的，因为它维持了目的的空洞形式，却无法建立任何明确的目标；相反，从某种角度来看，无目的的手段性则是积极的，因为这里涉及的行为中断、悬置了与目的的关系，手段也就得以作为手段从中呈现出

1　恩斯特·舍恩（Ernst Schoen，1894—1960），德国作曲家、作家、翻译家，本雅明的好友。

来。正如人们在拟剧中比划肢体时，以往为了某个特定目标而进行的肢体移动，现在作为本身——即作为手段——被重复、展示出来，不再与本来有的目的有任何关联，由此获得了新的、不曾料想的效力。同样，暴力原本只是创
135 造或者维系法的手段，如今却可以废止法律，让自己与合目的性之间的关系变得“不作为”（inoperoso）。

“纯粹手段”这一概念包含的奥秘，一旦追溯它的源头，回到姿势（gesto）的领域，也就烟消云散了。不论是舞者的舞蹈组合，还是我们无意中比画的手势，对于作出这类姿势——或者说“看起来”作出这类姿势——的人来说，姿势绝不是某个目的的手段，更不能认为这些是目的自身。正如舞蹈即使不带有意向，也依然是人类身体纯粹能力的完美展示；同样，在姿势中，每个肢体一旦脱离了与某个目的——不论是有机体的还是社会的——的功能关系，就终于可以探寻、发掘、展现出它力所能及的一切可能性而永不枯竭。也是因此，大阿尔伯特在尝试定义能力本身是何模式时，将它比作拟剧与舞蹈。在对亚里士多德《物理学》的注疏中，他写道：

> 拟剧演员流动的动作组合，是这种动作组合之流动的完成；而舞者在舞台上一齐舞动的舞蹈，完成的则是舞者之擅舞，是他们作为能力而言的舞蹈的能力。（Maier，第 13 页）

在同样的意义上，马拉美在观察洛伊·福勒的舞蹈时描写她就好像“她的自我的永不枯竭的源泉”。

我们在这里清楚地看到，这里行动的本领和人类的活 136
动并不和 crimen 联系在一起，也就不是任何有过错的、可以归责的行为。梵我是一名舞者，其行动仅仅是姿势。实践——人类的生活——并非审判（actio），而是戏剧意义上的一场“谜”（mysterion），演出的是姿势与言语。

每个人都被赋予了一个秘密，每个人的生活就是展现这一奥秘的神秘。奥秘并不会随着时间消解，反而会越来越坚固，直到最终展现出其所是为何：纯粹的姿势、能保持神秘而不被目的与手段的装置捕获的姿势、不可判决的（ingiudicabile）姿势。

18

瓦罗对拉丁语的反思充满真知灼见。他借鉴了亚里士多德对制造（ποίησις）和行动（πρᾶξις）的区分，并在其中插入了“第三种行动”（tertium genus agendi），由动词 gerere 表达。他在《论拉丁语》中写道（6.77）：

> 人可以“做”一个东西但不去“行”它，就好像诗人可以“做”戏剧，却不去“行”这戏。相反，演员“行”这戏而不“做”戏剧。因此，戏剧是被诗人“做”出来的，但不是被诗人“行”出来的；而对演员来说，是被他“行”出来的，但不是被他“做”出来的。相反，对于统帅来
> 137 说，用的是 res gerere 这一表达，在这种情况下，他既不“做”也不“行”，而是 gerit，即承担、支持（sustinet），是从“一个人背负重担”的语境中移用过来的，即承担、支持某物。（6.77）

拉丁语动词 gerere 如今只保留在了 gesto 一词及其派生词中。行动者就其行动而言总有某种特定的姿态，gerere 指的就是能够表达这一姿态的举止方式。享有至高

权力统帅一例可能具有一定的误导性，但对我们来说，这个例子的关键在于，它意味着姿势与政治之间存在着某种必然关系。需要注意的是瓦罗在解释这点时，利用了动词 sustinere，它指的不仅仅是“支撑”，还可以指“阻止”，比如可以说 incitatos equos sustinere（“阻止奔驰的马”）[1]，类似的意思有“从某物中摆脱出来”（sustinere ab aliqua re）和“停止”（se sustinere）；其次，它还能表示“承担”，比如 causam publicam sustinere（“受理公案”）[2]，又如 munus sustinere in rem publicam（“对国家负有义务”）[3]；最后一层意思是“扮演”，比如 magistri personam sustinere（“扮演一名老师”）[4]。说一个人 gerit，这并不局限在行动上，而是说他在完成某个行动时，同时停止、展示并远离了这一行动。

如果我们把人类的这第三种活动模式称为“作势”，那么可以说，作为纯粹手段的姿势打破了制造与行动之间

1　语出凯撒《高卢战记》（1.25.7）。

2　语出西塞罗《与凯奇利乌斯竞当起诉人》（*Divinatio in Caecilium*）（27）。

3　语出西塞罗《反维勒斯》（*In Verrem*）（4.199）。

4　语出古罗马历史学家苏埃托尼乌斯（Suetonius，约 39—122）《论语法学教师和修辞学教师》（*De grammaticis et rhetoribus*）（24.4）。

138 的假二难推理：前者总是实现某个目的的手段，即生产；后者则在自身中有其目的，即实践。但更重要的是，姿势取消了无作的行动（azione senz'opera）与必然作为的行动（azione operosa）之间的两难。事实上，姿势并不是简单的“没有作品”。本来人类活动作为手段与作品——也就是其目的——相关联，但姿势却通过中和、消解这样的作品定义了一种特殊的活动。[1] 也就是说，这种活动或能力可以停用人类的作品，使人类的作品变得无作用，由此打开了一种新的用途。身体工作是如此，心灵工作也是同样的道理：姿势在感官中展现、注视感官，在思想中展现、注视思想，在技艺中展现、注视记忆，在言语中展现、注视言语，在行动中展现、注视行动。

19

如此一来，就不可能在可识别的（identificabile）行

1 纯粹暴力不必创造或维系法，舞蹈和拟剧中则是不为任何目的而进行的日常肢体移动。——原注

动中确定姿势，姿势就不止于这样的行动，那么也就无法被归责于主体。而如果根据我们的分析，主体并不先于crimen，而仅仅是由一系列有责行动所产生的，那么这就意味着，确定姿势的主体同样将是不可能的。

当一名婆蹉族（Vacchagotta）出家人询问释迦牟尼梵我是否存在时，释迦牟尼沉默不语。在承认梵我之持存的永恒论者和持相反立场的虚无论者之间，他用沉默给出了“中道”（via di mezzo）的答案，即在出生的轮回中承受 139
其行动结果的人，相对于前世中完成这些行动的人来说，既非同一位，亦非另一位。必须反思这种特殊的本体论状态。例如涅槃（nirvāṇa）：诸蕴灭尽后，就不再有痛苦。涅槃并非诸蕴的世界消散后的另一世界，或一切寂灭后的另一事物。但它也不是空（nulla）。它是出现在一切出生之物（nato）中的“非生”（non-nato），一切实行（kṛta）中的“非行”（akṛta），它所在的这一刻——这是一“刻”，即便是永恒的一刻——一切想象和由无知产生的谬误都被悬置、停用。

因此，“不作为”（inoperosità）既不是种种行动之外的另一种行动，也不是超越一切作品的另一样作品。它是空间：流逝，亦是无时间的（intemporale）；占据位置（localizzato），亦在疆域之外（extraterritoriale）。把人类行动与目的和手段、归责和过错、善行与劣行联结起来的是一件装置，只有当这件装置不再发挥作用，不作为的空间才会敞开。这就是纯粹手段的政治。

参考文献[1]

Agamben, G., *La comunità che viene*，Torino：Einaudi，1990*.

——，Gayraud, J.（译），*Karman: Court traité sur l'action, la faute et le geste*，Paris：Seuil，2018*.

——，Kotsko, A.（译），*Karman: A Brief treatise on action, guilt, and gesture*，Stanford：Stanford University Press，2018*.

Alexander Aphrodisiensis，Thillet, P.（编译），*Traité du destin*，Paris：Les Belles Lettres，1984.

Arendt, H.，*The Human Condition*，Chicago：University of Chicago Press，1958；王寅丽（译），《人的境况》，上海：上海人民出版社，2017*.

Aristoteles，Berti, E.（译），*Metafisica: Traduzione, introduzione e note*，Bari：Editori Laterza，2017*.

---

1 此处所列的参考文献，如果是作者没有在原著中列出，而仅为译文使用的条目，一律在条目最后以星号（*）标明。这大致分为四类：用现成中译本替换作者使用的意大利语译本，这类条目标明了外文原著名（其余三种情况如果涉及译本，一律不标明外文原著名）；作者直接引用但没有明确列出的文献（如柏拉图、卢克莱修等人的经典文本），译文提供了现成的中译本；作者直接引但没有明确列出的经典文献，译文参考、使用了外文本；仅用于译文参考的文献。

——，Reeve, C. D. C.（译），*Nicomachean Ethics*，Indianapolis：Hackett Publishing Company，2014*.

——，陈中梅（译），《诗学》，北京：商务印书馆，2017*.

——，廖申白（译），《尼各马可伦理学》，北京：商务印书馆，2017*.

Augustinus Hipponensis，成官泯（译），《论自由意志：奥古斯丁对话录两篇》，上海：上海人民出版社，2010*.

Benjamin, W.，"Schicksal und Charakter (1919)"，选自 Tiedemann, R. 和 Schweppenhäuser, H.（编），*Gesammelte Schrifte*，第 II 卷第 1 册，Frankfurt：Suhrkamp，1980.

——，"Zur Kritik der Gewalt (1921)"，同上.

——，Gödde, C. 和 Lonitz, H.（编），*Gesammelte Briefe*，第 I 卷（1910—1918），Frankfurt：Suhrkamp，1995.

——，Salzani, C.（译），*Capitalismo come religione*，Genova：Il Melangolo，2013*.

Benveniste, E.，*Le Vocabulaire des institutions indoeuropéennes*，第 I 卷（Économie, parenté, société）；第 II 卷（Pouvoir, droit, religion），Paris：Éditions de Minuit，1969.

Benz, E.，*Marius Victorinus und die Entwicklung der abendländischen Willensmetaphysik*，Stuttgart：Kolhammer，1932.

Clemens Alexandrinus，F. Sagnard（编译），*Extraits de Théodote*，Paris：Éditions du Cerf，1970.

Coccia, E., "Il bene e le sue aporie in un trattato anonimo della fine del XIII secolo", 选自 Zavattero, I.（编）, *Etica e conoscenza nel XIII e XIV secolo*, Arezzo: Università degli Studi di Siena, Dipartimento di Studi Storico-Sociali e Filosofici, 2006.

D'Agostino, F., "Sanzione", 选自 *Enciclopedia del diritto*, 第 XLI 卷, Milano: Giuffrè, 1989.

Dante Alighieri, 田德望(译),《神曲》, 北京: 人民文学出版社, 2015*.

Dihle, A., *The Theory of Will in Classical Antiquity*, Berkeley: University of California Press, 1982.

Dodds, E. R., *The Greeks and the Irrational*, Berkeley: University of California Press, 1951.

Ernout, A. 和 Meillet, A., André, J.（编）, *Dictionnaire étymologique de la langue latine: Histoire des mots*, Paris: Klincksieck, 1932, 2001（第 4 版）.

Fugier, H., *Recherches sur l'expression du sacré dans la langue latine*, Paris: Les Belles Lettres, 1963.

Gnoli, R.（编译）, *La rivelazione del Buddha*, Milano: Mondadori, 2004.

Goldschmidt, V., *Le Système stoïcien et l'idée de temps*, Paris: Vrin, 1969.

Guenther, H., *Philosophy and Psychology in the Abhidharma*, Delhi: Motilal Banarsidass, 1974.

Hegel, G. W. F.，*Phänomenologie des Geistes* (1807)， 选自 *Werke in zwanzig Bänden*，第 III 卷，Frankfurt：Suhrkamp，1970；先刚（译），《精神现象学》，北京：人民出版社，2015*.

Homerus，罗念生和王焕生（译），《伊利亚特》，五卷本，上海：上海人民出版社，2012*.

Ildefonse, F.，*La Naissance de la grammaire dans l'Antiquité grecque*，Paris：Vrin，1997.

Jhering, R. von，*Der Zweck im Recht*， 第 I 卷 和 第 II 卷，Leipzig：Breitkopf & Härtel，1877 和 1883.

Kafka, F.，文泽尔（译），《审判》，天津：天津人民出版社，2019*.

——，洪天福和叶廷芳（译），《叩击庄园大门》，选自叶廷芳（编），《卡夫卡全集》，第 I 卷，北京：中央编译出版社，2015*.

——，黎奇和赵登荣（译），《八开本笔记本》，选自叶廷芳（编），《卡夫卡全集》，第 IV 卷，北京：中央编译出版社，2015*.

Kant, I.，*Kritik der reinen Vernunft* (1787)，选自 *Gesammelte Schriften*，第 III 卷，Herausgegeben von der Königlich Preussischen Akademie der Wissenschaften，Berlin；李秋零（译），《纯粹理性批判（第二版）》，北京：中国人民大学出版社，2004*.

——，*Grundlegung zur Metaphysik der Sitten* (1785)，选自 *Gesammelte Schriften*，第 IV 卷；杨云飞（译），邓晓芒（校），《道德形而上学奠基》，北京：人民出版社，2013*.

——，*Kritik der Urteilskraft* (1790)，选自 *Gesammelte Schriften*，第 V 卷；李秋零（译），《判断力批判》，北京：中国人民大学出版

社，2007*.

——，*Metaphysik der Sitten* (1797)，选自 *Gesammelte Schriften*，第 VI 卷；张荣和李秋零（译），《道德形而上学》，北京：中国人民大学出版社，2007*.

Kelsen, H.，*Reine Rechtslehre: Einleitung in die rechtswissenschaftliche Problematik*，Leipizg：Deuticke，1934；Wien：Österreichische Staatsdruckerei，1992.

——，Ringhofer, K. 和 Walter, R.（编），*Allgemeine Theorie der Normen*，Wien：Manz，1979.

Lucretius，方舒春（译），《物性论》，北京：商务印书馆，2017*.

Maier, A.，*Zwischen Philosophie und Mechanik：Studien zur Naturphilosophie der Spätscholastik*，Roma：Edizioni di Storia e Letteratura，1958.

McDermott, J. P.，"Karma and Rebirth in Early Buddhism"，选自 O'Flaherty, W.D.（编），*Karma and Rebirth in Classical Indian Traditions*，Berkeley：University of California Press，1980.

Meillet, A.，"La Réligion indo-européenne (1907)"，选自 *Linguistique historique et linguistique générale*，第 I 卷，Paris：Klincksieck，1921.

Mopsik, C.，*Chemins de la cabale: Vingt-cinq études sur la mystique juive*，Paris-Tel Aviv：L'Éclat，2004.

Origenes，Nautin, M.-T. 和 Nautin, P.（编译），*Homélies sur Samuel*，Paris：Éditions du Cerf，1986*.

Pictet, A., *Les Origines indo-européennes, ou les Aryas primitifs: Essai de paléontologie linguistique*，三卷本，Paris：Sandoz et Fischbacher，1869-1963，1877（第2版）.

Plato，林志猛（译），《法义》，选自《柏拉图〈法义〉研究、翻译和笺注》，第二卷，上海：华东师范大学出版社，2019*.

——，彭磊（译），《柏拉图书简》，北京：华夏出版社，2018*.

Quell, G.，"Hamartia"，选自 Kittel, G. 和 Friedrich, G.（编），*Theologisches Wörterbuch zum Neuen Testament*，第 I 卷，Stuttgart：Kohlhammer，1933；Montagnini, F.、Scarpat, G. 和 Soffritti, O.（编译），*Grande lessico del Nuovo Testamento*，第 I 卷，Brescia：Paideia，1963.

Satta, S.，*Il mistero del processo*，Milano：Adelphi，1994.

Seminara, S. G.，"Agamben e la nozione aristotelica di «potenza»"，选自 *Consecutio Rerum*，第 I 卷（2017 年 4 月第 2 期），第 151-165 页.

Schmitt, C.，*Über Schuld und Schuldarten: Eine terminologische Untersuchung*，Breslau：Schletter，1910.

Schopenhauer, A.，*Die beiden Grundprobleme der Ethik (1841)*，选自 Hübscher, A.（编），*Werke in zehn Bänden*，第 VI 卷，Zürich：Diogenes，1977；任立和孟庆时（译），《伦理学的两个基本问题》，北京：商务印书馆，2009*.

Silburn, L.，*Instant et cause: Le discontinu dans la pensée philosophique de l'Inde*，Paris：Vrin，1955.

Spaemann, S.，*Reflexion und Spontaneität: Studien über Fénelon*，Stuttgart：Kohlhammer，1963.

Stenzel, J.，*Kleine Schriften zur griechischen Philosophie*，Darmstadt：Wissenschaftliche Buchgesellschaft，1957.

Thomas, Y.，*Causa: Sens et fonction d'un concept dans la langue du droit romain*，博士论文，Paris：Université de Paris II，1976.

——，"De la «sanction» et de la «sainteté» des lois à Rome: Remarques sur l'institution juridique de l'inviolabilité"，选自 *Droits*，第 18 期，1993，第 135-151 页 .

Vasugupta，Torella, R.（编译），*Aforismi di Śiva: Con il commento di Ksemarāja (Śivasūtravimarśinī)*，Milano：Adelphi，2013.

Vernant, J.-P.，"Ebauches de la volonté dans la tragedie grecque"，选自 Vernant 和 Vidal-Naquet, P.，*Mythe et tragedie en Grèce ancienne*，Paris：Maspero，1972.

陈康，《亚里士多德哲学中"哀乃耳假也阿"（Energeia）和"恩泰莱夏也阿"（Entelecheia）两个术语的意义（1947）》，选自汪子嵩与王太庆（编），《论希腊哲学》，北京：商务印书馆，2011*.

——，《麦加拉学派所谓的可能和亚里士多德所谓的可能（1952）》，同上 *.

顾枝鹰，《西塞罗〈图斯库路姆论辩集〉卷一研究》，硕士论文，北京：中国人民大学，2018*.

光全和智圆（编），慧音和慧观（译），本戒、演相和慧妙（校），《中部经典（一）：根本五十经篇》，北京：宗教文化出版社，2017*.

黄风（编译），《罗马法词典》，北京：法律出版社，2002*.

——，《罗马法（第二版）》，北京：中国人民大学出版社，2014*.

林光明、林怡馨和林怡廷（编译），《梵汉佛教语大辞典》，三卷本，台北：嘉丰出版社，2011*.

平川彰，显如法师、李凤媚和庄昆木（译），《印度佛教史》，贵阳：贵州大学出版社，1979，2013*.

徐国栋，《〈十二表法〉研究》，北京：商务印书馆，2019*.

佚名法兰克福人，*Eyn geystlich edles Buchleynn ...*，Wittenberg：Johann Rhau-Grünenberg，1516；此即《德意志神学》（*Theologia deutsch*）.

周枏，《罗马法提要》，北京：法律出版社，1988*.

庄春江（编译），《汉译〈中部〉》，庄春江工作站，2012*.

——（编译），《汉译〈增支部〉》，庄春江工作站，2013*.

人名索引[1]

1　译者另外增补了出现在前言中的人名，以星号（*）在页码上标明。

图书在版编目（CIP）数据

业：简论行动、过错和姿势/（意）吉奥乔·阿甘本（Giorgio Agamben）著；潘震译.—上海：上海社会科学院出版社，2021

ISBN 978-7-5520-3701-2

Ⅰ. ①业…　Ⅱ. ①吉…②潘…　Ⅲ. ①法哲学—研究　Ⅳ. ①D903

中国版本图书馆CIP数据核字（2021）第207306号

上海市版权局著作权合同登记号：09-2021-0113

拜德雅·人文丛书

业：简论行动、过错和姿势

Karman. Breve trattato sull'azione, la colpa e il gesto

著　　者：［意］吉奥乔·阿甘本（Giorgio Agamben）
译　　者：潘　震
校　　者：王兆宇　叶仁杰
出 品 人：佘　凌
责任编辑：熊　艳
书籍设计：左　旋
出版发行：上海社会科学院出版社
　　　　　上海顺昌路 622 号　邮编：200025
　　　　　电话总机：021-63315947　销售热线：021-53063735
　　　　　http：//www.sassp.cn　E-mail：sassp@sassp.cn
照　　排：重庆樾诚文化传媒有限公司
印　　刷：上海盛通时代印刷有限公司
开　　本：1240 毫米 ×780 毫米　1/32
印　　张：7.5
字　　数：125 千
版　　次：2021 年 11 月第 1 版　2021 年 11 月第 1 次印刷

ISBN 978-7-5520-3701-2/D · 633　　定价：58.00 元

版权所有　翻印必究

© 2017 by Giorgio Agamben.
Originally published by Bollati Boringhieri editore, Torino.
This agreement was negotiated through
Agnese Incisa Agenzia Letteraria

Simplified Chinese translation copyright
© 2021 by Chongqing Yuanyang Culture & Press Ltd.

All rights reserved.

版贸核渝字（2017）第 293 号

拜德雅
Paideia
人文丛书

（已出书目）

语言的圣礼：誓言考古学（“神圣人”系列二之三）	[意]吉奥乔·阿甘本　著
宁芙	[意]吉奥乔·阿甘本　著
奇遇	[意]吉奥乔·阿甘本　著
普尔奇内拉或献给孩童的嬉游曲	[意]吉奥乔·阿甘本　著
品味	[意]吉奥乔·阿甘本　著
什么是哲学？	[意]吉奥乔·阿甘本　著
什么是真实？物理天才马约拉纳的失踪	[意]吉奥乔·阿甘本　著
业：简论行动、过错和姿势	[意]吉奥乔·阿甘本　著
海德格尔：纳粹主义、女人和哲学	[法]阿兰·巴迪欧 & [法]芭芭拉·卡桑　著
苏格拉底的第二次审判	[法]阿兰·巴迪欧　著
追寻消失的真实	[法]阿兰·巴迪欧　著
不可言明的共通体	[法]莫里斯·布朗肖　著
什么是批判？自我的文化：福柯的两次演讲及问答录	[法]米歇尔·福柯　著
自我解释学的起源：福柯 1980 年在达特茅斯学院的演讲	[法]米歇尔·福柯　著
自我坦白：福柯 1982 年在多伦多大学维多利亚学院的演讲	[法]米歇尔·福柯　著
铃与哨：更思辨的实在论	[美]格拉汉姆·哈曼　著
迈向思辨实在论：论文与讲座	[美]格拉汉姆·哈曼　著
福柯的最后一课：关于新自由主义，理论和政治	[法]乔弗鲁瓦·德·拉加斯纳里　著
非人：漫谈时间	[法]让-弗朗索瓦·利奥塔　著
从康吉莱姆到福柯：规范的力量	[法]皮埃尔·马舍雷　著
艺术与诸众：论艺术的九封信	[意]安东尼奥·奈格里　著

批评的功能 [英]特里·伊格尔顿 著

走出黑暗：写给《索尔之子》 [法]乔治·迪迪－于贝尔曼 著

时间与他者 [法]伊曼努尔·列维纳斯 著

声音中的另一种语言 [法]伊夫·博纳富瓦 著

风险社会学 [德]尼克拉斯·卢曼 著

动物与人二讲 [法]吉尔伯特·西蒙东 著

非政治的范畴 [意]罗伯托·埃斯波西托 著

临界：鲍德里亚访谈录 [法]让·鲍德里亚 & [法]菲利普·帕蒂 著

“绝对”的制图学：图绘资本主义 [英]阿尔伯特·托斯卡诺 & [美]杰夫·金科 著